嘘の歴史物語
オデュッセウスからピノッキオまで

マリーア・ベッテッティーニ
Maria Bettetini

谷口伊兵衛／G・ピアッザ 訳
Taniguchi Ihei / Giovanni Piazza

Breve storia della bugia
Da Ulisse a Pinocchio

而立書房

目　次

はじめに 7

謝　辞 12

第1章　嘘——これは何なのか？　どのように人は嘘をつくのか？　なぜ人は嘘をつくのか？ 13

　　　　嘘——諸前提 13
　　　　誰が嘘をつくのか？ 15
　　　　プラトンとアリストテレス 16
　　　　西洋全体にとってのアウグスティヌスの定義と分類 19
　　　　嘘の定義 23
　　　　内心の留保 25
　　　　少なくとも二人いなくてはならない 27
　　　　無用なるがゆえにあり得ざる嘘 28
　　　　合意しなければならない 30
　　　　理想的な条件 32
　　　　嘘の父と子 36

第2章　禁断の嘘 39

　　　　哀れな操り人形 39
　　　　嘘——社会的暴力と神への冒瀆 41
　　　　生命と言葉をかけた誠実さ 43
　　　　すべての嘘が極めて深刻とは限らない 47
　　　　嘘は意図の増大を救う 50
　　　　嘘にとってのほかの敵たち 52
　　　　カントの厳格さ 54

正当防衛？　56

第3章　嘘への賛辞　60

　　　嘘つき民族　60
　　　遊ぶための言葉　62
　　　嘘の技術　64
　　　神々は嘘をつくのか？　65
　　　霊も嘘をつく　67
　　　嘘と瀆聖(とくせい)　70
　　　嘘と狂気　72
　　　君主の特権　74
　　　生き残るための嘘　76
　　　生きる術(すべ)を知るための嘘　79
　　　隠し立ては立派なことである　80
　　　嘘と真実は道徳外　83
　　　悪意のない嘘，"思いやりから出た嘘"　86
　　　ドクター，本当のことを言ってください　89

第4章　歴史〔物語〕をつくった嘘と騙した真実　92

　　　法律に照らして嘘をつく　92
　　　嘘をコントロールする　94
　　　免許証——何度も言われることは真実となる　96
　　　虚偽の力　98
　　　作者の偽造　100
　　　虚偽が法となるとき——法的擬制（fictio juris）　102

歴史と嘘をもう一度　　104
　　　真実の力　107
　　　仮説の力──科学の嘘　　110

第5章　楽しませる嘘　112

　　　神聖にして甘美なる詐欺　　112
　　　虚偽だということは分かっている　　113
　　　だがみんなが合意しなくてはならない　　116
　　　虚構が真実をよりよくするとき　　118
　　　真実をいうふりをするとき　　120
　　　嘘つきたちと主人公たち　　122
　　　レリオとアルレッキーノ（道化役者）　　123
　　　ハムレットとディラン・ドッグ　　125

　　書誌　128
　　訳者あとがき　133
　　索引　135

装幀・神田昇和

物語 嘘の歴史
――オデュッセウスからピノッキオまで――

Maria Bettetini
Breve storia della bugia. Da Ulisse a Pinocchio
©2001 Raffaello Cortina Editore s.r.l.
Japanese translation rights arranged with Raffaello Cortina Editore s.r.l., Milan
through Japan UNI Agency, Inc., Tokyo

はじめに

　実を申せば，本書は厳密には嘘の歴史ではありません。嘘の歴史ならほかにもいろいろ存在していますし，そのうえ，ほとんど規定し難いようなもの，そして，幾世紀を通して軽蔑と称賛，譴責と博識な解釈の間に開花したものの系図をどうやって描けるというのでしょう。唯一確実なのは，嘘がいつも栄えたということだけです。ですから，嘘の歴史を物語る唯一の可能性，それは書物の中で嘘について書いてきた人びと，私たちに知られている歴史の過程で嘘について語った人びとが嘘をどのように理解してきたのかを探求することだけだ，ということになりましょう。若干の哲学者，歴史家，さらにまた劇作家，詩人，心理学者や，あらゆる類いの嘘つきの助けを得て，私たちは嘘についての一種の共時的断面図を構築することにしましょう。そのために，嘘についてなされた判断に基づき，便宜上私たちが集めてきた重要ジャンルの内部でいくらか歴史的脱線をすることも認めましょう。もちろん，私たちは悉尽性などはとても主張できません。嘘について何かを語った人びとをすべて――とりわけ，大嘘つきをすべて――ここに引用することはできないでしょう。
　エラスムスの痴愚（神）と同様に，嘘は自ら姿を現わして，自己自身への衒学的な礼賛をすることはできるでしょうが，また同様に偏見や虐待の的にされたことを嘆くこともできるでしょう。嘘は禁止され，褒められ，信じられてきました。嘘は憤慨させ，慰め，楽しませてきました。歴史全体ではないにせよ，少なくとも文明史と呼ばれるであろうようなものの大半をつくり上げてきたのです。あらゆる権利の根底には，ある形の嘘がありますし，あらゆる芸術の根底には嘘の観念についての合意があるのです。偉大な科学上の仮説は大嘘だったのですし，おそらくいつでもそうなのでしょう。選挙運動の期間にはとてつもない嘘が今でも放出されていますが，とどのつまり，選挙人自身が嘘を要求し，政治家に対して自分たちが夢を見続けられるような嘘を求めているのです。同じく，ジャーナリストに対しては私たちを欺くように要求することにより，証明されるべきことが私たちにあまりひどく見えないようになるか，それとも反対に，ひどすぎて私たちに映画入場券や抗鬱薬を倹約させるほど心を動転させられるか，という結果になるのです。

本書は嘘の歴史にも，ましてや弁明にもならないことでしょう。社会生活のあらゆる局面にお伴をする一人物との出会いとなるでしょう（なぜというに，嘘をつくためには少なくとも二人でなければなりませんし，自分自身に嘘をつくのはもはや嘘をつくことではないからです。つまり，虚偽を確信していると，嘘をつく意図がなくなりますから，第1章でご覧になるように，そのときには嘘の実体が欠如するに至るのです）。嘘の定義なら，古典的なもの，権威あるもの，とどのつまり反証不能のものが見つかるでしょう。でも，嘘が存在しないという主張も見つかるでしょう。ことの真実が明白な世界にあっては，スピノザも『エチカ』(1661年執筆。1677年に，彼の没後出版) の中で述べているように，嘘をつくことができないのです。すなわち，「真の観念を有するものは，同時に，自分が真の観念を有することを知り，かつそのことの真理を疑うことができない」し，私たちの精神は神の知性の一部分なのですから，「精神の有する明瞭判然たる観念が……真であることは必然である」し，「意志と知性とは，同一である」(『エチカ（倫理学）』定理43, 49) 以上，意志がそういう観念を偽として認めさせることはできないでしょう。ストア学派の人びとが抱いているのと同じ見解なのです。彼らは賢者による真の表象をどうしても承認せざるを得なくなって，嘘を無学の者──見かけとか，たぶん嘘つき（といっても見かけ上だけですが）かも知れぬ賢者本人に騙される者──の過ちとしてのみ解しているのです。

　こういう世界観は，近代以降，さまざまなレヴェルの現実の間を動き回ったり，この現実をもっぱら堅く認めたりすることに慣れた人にとっては，いささか異様に思われます。私たちは疑い深さを中止するよう絶えず要求されるために，「私たちの信じやすさを中断する」術に慣れっこになってしまっているのです。かつては境界が明白でした。たとえば，劇場に行くと，クリュタイムネストラ〔アガメムノンの妻。アイギストスと結託して夫を殺害し，その後，息子のオレステスに殺された〕の嘆きをあけすけに聴くように信じてしまったのです。本当は嘆いている本人が厚底靴を履いた男であり，その仮面が彼の演ずべきこの王妃をあまり想起させないにしてもです。神話に耳を傾けるだけで，ニンフのアレトゥサが〔河神アルフェイオスから〕海にまで逃げ延び，そこでとうとう地中海岸に魔法の淡水の泉を生じさせたのだと考えて悦に入るわけです。小説を読めば，作者の共犯者となり，作者に導かれて虚構人物たちの心やさまざまな出来事に入り込むことになるのです。

その後，物事は複雑化しています。新聞を開けると，保証してくれるのは事実，ただ事実だけです。虚構人物や物語はもう終わったのでして，父親やガイドになってくれるような作者を明言した存在の跡形もありません。みんなの共同借家人たるテレヴィジョンをつければ，聞こえるのが"テレヴィジョン"というこの神秘な実体から言われた以上，たしかに本当のことなのだという事実への，陳腐で，滑稽で，純朴で，信仰絶対論的な言及から逃げられないことに気づくのです。インターネットにアクセスしたり，e-メイルで世界中に散在する多数の親友たちと直接コンタクトしたり，また同時に，未知な大勢とコンタクトしたりすれば，彼らは親しい口をきいてくれ，話しかけたがっており，話させてくれ，人為的につくられた世界の中で，買物とか，出会いとか，またはたんにヴァーチャルな散歩を申し込んできます。自分の正体を捨て去ることもできます（ただし警察は何としてでも追跡するでしょう。身を隠すのはうわべだけのことなのであって，私たちは騙されないようにしましょう）し，またほかの隠されたり再構されたりした数々の人物と遠距離の親密関係をもつこともできるのです。だが，こうした日常の月並みなことは自衛のために，あらゆる形の無条件な同意を中断するように強いています。あまりにしばしば私は信じるように要求されてきた以上，はたしてもう信じない権利はないとでもいうのでしょうか？　また，私にもう信じないようにさせているもの，それはさまざまなレヴェルの欺瞞の混合を招来している，若干の逆説的な状況でもあるのです。臨界点まで減量しなさいとか，新しい刺激的なアイスクリームをくるんだ新しいチョコレートを味わってくださいとか，真の金持ちの持ち物のように見える車を提供しますとかいったコマーシャルの中休みが入った後で，地震に遭った人びとのどんなに悲劇的な状況とか，映画のどんなに劇的な状景とかを見ても，どうして私の心が動転させられることがあり得ましょう。

　残念なことに，騙されるのはとても素晴らしいことなのです。ところで，オスカー・ワイルドが嘆いたデカダンス以後，嘘はほんとうに滅びたのでしょうか？　とにかく，わたしの息子は帰宅の時間をごまかそうとしますし，私のフィアンセは夕べの会う約束をためらいますし，私自身もありもしない仕事の約束をよくでっち上げています……。こんなのはアマチュアの事柄です。絶対に嘘をつかないと誓う人は純朴か傲慢かのいずれかなのです（「いつ出て行く決心をするのだい？」と考えているらしい老婆のことを笑ったり，当たり前なのに

素晴らしいアイデアだとボスを褒めたたえたり，髪の毛を染める誘惑に屈するといっても，実は生えだした白髪のわずらわしい出現を覆い隠すために過ぎなかったり，といったように)。嘘のことを考えながら，隠されていて欲しい事実を隠す言葉にしか留意しない人は無邪気なのです。この拙著は嘘をつく技術を教えるつもりはありませんが，せめて，ずっと昔から人びとがいかにうまく，しかも嘘を言わずにはるかに残酷に，嘘をついてきたか，ということを例証したいのです。

　嘘が騙す意志（voluntas fallendi）で表示されるとしたら，おそらくまた，痛めつける意志（voluntas nocendi）——ただし，言っていることの真正さとは無関係です——と付言すべきでしょう。しかも話し手が本当と見なしていることは「別のこと」を信じさせるための武器として言葉を用いるのですから，その目的に到達するために陳腐で明白な嘘は必要ないわけです。身振りとか，ほのめかしとか，一見無害な嫌みとか，本当らしいが，巧みに使われた主張とかが，より役立つことでしょう。象徴的なケースを検討するとして，ここでは，当初1938年にアメリカの雑誌「ストーリー」（*Story*）に掲載され，最近再刊された衝撃的な"小説"だけに限定しましょう。表題は「宛先不明」となっています。というのも，ナチの親衛隊が殺害したか強制収容所に送ったかした人物宛の手紙が，発信人の所にこの記載事項とともに返送されたからなのです。作品はアメリカで一緒に働いた二人のドイツ人どうしの手紙から成っています。つまり，1930年代の初頭，二人のうちの一人がドイツに戻り，そこで新しい体制に熱中するのです。アメリカに居残ったのはユダヤ人でして，ますます不安になり，業務用手紙の中で，この仲間に対して，この男の元の婚約者だった妹を救う手助けを依頼するのです。この短いひと握りの手紙の中に集められた策略をこれ以上話すことはいたしませんが，最後の手紙では，嘘をつかずに策謀を組み立てた，恐ろしい復讐がたくらまれているのです。この手紙の発信人は単純素朴な表現がきっと検閲機関によって特別に解釈されうるだろうことを知っており，したがって，自己の目的を達成するまで，そういう表現を用いているのです。

　「親愛なる嘘つきよ」とパトリック・キャンベルはバーナード・ショーに書いていましたし，これはまた，ジェローム・キルティーが両人に献じた作品（1960年）の表題でもあります。親愛なる嘘つき——私たちそれぞれにとって

の——よ，きみがもうガソリンを切らしたと言うときに顔を赤らめないからとて，きみが立派な嘘つきだとは思わないでおくれ。あるいはきみの言葉が本当らしいからとて真面目だとは思わないでおくれ。きみが必要上であれ，遊びからであれ，同情からであれ，職業上であれ，きみは嘘をついておくれ。きみがオデュッセウスのように狡猾であろうが，ピノッキオのようにお人好しであろうが，この本の中味のページを読んでおくれ。そうすれば，きみが一介の好事家に過ぎないかが分かるだろうよ。

謝　辞

　本書は読書会と友好的な討論の結果でもある。私はアンドレーアや，この原稿を周到に再読してくれた父に感謝したい。またせめて，（哲学者，ジャーナリスト，物理学者，弁護士……といった）人びとすべてに言及しておきたい。彼らは仕事に役立つ資料を私が見つけるのを助けてくれた。アルマンド・マッサレンティ，エマヌエーラ・スクリバーノ，エンリーコ・アントニオ・ジャンネット，エンリーコ・ランバルディ・フェルドマン，エンゾ・ポルタルーピ，フランチェスコ・シローニ，フランコ・ベラルディ・ビーフォ，フランコ・ミケリーニ＝トッチ，ジョルジョ・ブリアネーゼ，イレーネ・ロジエ，ルイージ・ペリッシノット，ニーノ・ブッティッタ，ソーニャ・フィオレンティーノ，ウンベルト・エコの諸氏に深甚の謝意を表する。

第1章　嘘——これは何なのか？　どのように人は嘘をつくのか？　なぜ人は嘘をつくのか？

嘘——諸前提

　アメリカ合衆国の法廷が証人に対して，「真実，あらゆる真実，真実のみ」を述べるよう要求することは，とりわけアメリカの映画やテレヴィ映画から周知のとおりだ。証言を得ようとするのに，これ以上にナイーヴな形を考えるのは難しい。実際，証人はそうしようと欲するなら，真実や，あらゆる真実や，真実のみを述べることができるだろうということが初めから想定されているのだ。したがって，いかなる要素の感覚的な誤りも（私は近視だが，逃亡する赤毛の女を見たような気がする。あるいは長髪の男だったかも？），記憶の困難さも（その女はこの水曜日に逃げていたか，それとも先週火曜日に買物をしに走っていたかも？），心理的なプレッシャーも（被告人は女性である。私が彼女を目にしたのはこの火曜日でなければ，水曜日のようだ），またとりわけ個人的なかかわり合いも（殺害されたのは私の大好きな大叔父だし，彼はきっと私のためを思って書いてくれたはずの，遺言書をまだ作成していなかったから，私は悲しくかつ腹立たしい），無視することが可能となるであろう。

　証言が事件の再現に正確に符合することはあり得ないだろうことを知るのに，何も存在論や，認識論や，さまざまな形の心理学の専門家である必要はない。証人がカメラを所持していないとしても，また録画が悪用されたとしても，それは具体的な角度，つまり目標の角度からのみ事件を報告するだけであろう。トリュフォー監督が「どの位置調節(フレーミング)も一つの道徳的選択なのだ」と主張したのも正当なのである。唯一の目標，唯一の観点，多様な目標。映画監督がこれらを意のままに操るにつれて，事態は複雑化する。実際，映画はフィルム編集（モンタージュ）の産物であろうし，これには特定の意味を理解させるために，あるやり方で事実を語ろうとする唯一の観点——映画監督のそれ——の圧倒的な介入がもう一度予測できるのである。

だが私たちとて，アメリカの法廷よりナイーヴでないわけではないし，私たちはみんな，「真実」を近親者に期待したり，要求したり，懇願したりしている。父親が祖父の中国磁器を壊したのは誰かと訊くときには真実を知りたがっているし，妻が夫にどこで夜を過ごしたかと訊くときには真実を知りたがっているし，女性の友人が自分には窮屈すぎるかも知れぬパンタロンをエレガントに履きこなしていないのではと恐れるときには真実を知りたがっているし，フィアンセが何としても平穏無事な結婚を熱望するときには真実を知りたがっているし，同じことは，ハムの甘さについて尋ねる豚肉屋のおかみさんとか，もっと悲劇的な場合だと，医者に真実を訊く病人とか，犯罪をしでかしたのではないかと疑って息子に尋ねる母親とかについても言える。私たちがみんなに要求しているのは「物事と知性との一致」なのであり，聖トマスは「真実」をこのように定式化していたのである。その後の哲学史はこれを原則的に不可能としていろいろなやり方で決めつけてきたのだが，それでもポストモダン以後の人間は頑固にもこれを手に入れる権利があると考えているのである。

とはいえ，私たちがここで論じようとしているのはこのこと，つまり，知性にとっても"物事"にとっても一致なるものを見つけることの可能性なのではない。なにしろ，この道が行き着く先は，とりわけ，知性が存在するか，どこにあるかについて，同じく，物事そのものが存在するか，どこにあるかについて自問することにあろうし，さらにはどういう言葉で両者の関係を樹立できるのかを自問することにあろうし，最後に，この関係が一定の変更を伴って，もしくは変更なしに意識に上りうるかどうかを自問することにあろうからだ。

本書の論証はそういうことにはない。嘘の可能性が潜んでいるのはそこではないからだ。こういうプロセスが事実上行き着く先は，真実とは何か，非‐真実，つまり虚偽とは何か，についての定義であろう。だがこういうことはみな，本テーマとはいかなる関係もない。本テーマは嘘，つまり，実際に真であるという事実から独立しては，真か偽か分からないことを真か偽かと「信じさせたがる」という欺瞞についてなのだ（したがって，本書の中では，真そのものか偽そのものではなくて，真か偽と見なされているものだけを論じることになろう）。だから，誰かが他人を騙そうとするときの嘘が問題なのだ。証人が色盲か近視か，健忘症かということは重要ではない。その者が「真の」証人でないということもたいして重要ではないのである。その者が睡眠状態にかけられているか

も知れないし，あるいは現に生起したと今考えている状況を実は夢見ていたのかも知れないのだ。ある人間が或る「物事」を想起するとき，信用できるのかどうかという問題を提起することも重要ではない。なぜなら，その物事はひょっとして存在しないのかもしれないし，感覚的知覚としてのみ存在しているのかも知れないし，その者の想像力の産物であるのかも知れないからだ。問題はまったく別のことなのであって，つまり，いずれにせよ証人が真とも偽とも言えるような事件の展開を意識するに至ったのであり，彼が嘘をついているのは，ただそれを語るため，したがって，自らの限られた視座を「真実」として通させるためなのかも知れないし，あるいはまた，実は赤毛の女を想起しながらも，自分のアイルランドのフィアンセが罪に問われるのを恐れるあまり，黒髪だと述べるときの，「嘘をついていると知りながら嘘をつく」場合にだけ嘘をついているのかも知れないのだ。

　嘘つきとは，何事かを報告しようと切望する者のことなのか，それともたんに，自分が間違いにせよ正しいにせよ，真と見なしていることを歪める者のことなのか？

誰が嘘をつくのか？

　しかしながら，この質問は次の考察を招く。つまり，騙そうというのが「要求」であれ，「意図」であれ，嘘は自由な主体の意志行為として現われるということだ。ただし，故障した走行計(メーター)も嘘をつくし，日々数分遅れる時計も嘘をつく。また，翌日の突風を予告しない山の屈託のない空も嘘をついているかに見える。これらが嘘をついているように見えるわけは，これらのものに伝達意図を帰するのが容易だからだ。容易かつ危険なことではある。そういう意図を帰属させる本人が，ユーザーであり，したがって，コード解読者であるからだ。トーマス・マンの短篇小説『蜃気楼』(1953年)は恐ろしくてかつ魅力的な一例を示してくれる。彼が物語るのはロザリーという，もう熟年の女性の出来事である。彼女は若い男への情念がよみがえるのを覚える。青春時代のときめきと同時に，もうなくなった月経の激発と思われるものも再起するのだ。彼女に女の愛を覚醒させる共犯者的な贈物として出血を見誤らせた当初の熱狂の後で，幻滅が訪れる。出血は腫瘍のせいだったのであり，このため女主人公はすぐさ

ま最期を迎えるのだ。それでも死の床で，半信半疑の，深く悲しんでいる娘に対して，ロザリーは言うのである，「アンナ，自然が私を騙したとか，私を残酷に弄んだとか言わないでね。私も恨んではいないのだから，自然を恨んだりしないでね。残念なのは，あんたや，生命や，春から別れることだわ。でも死のない春がどうしてあり得ましょう？ 死は生命の大道具なのだし，私のために死が愛の再生と喜びの相を帯びたとしても，これは私に嘘をつくためではなくて，善意や恩寵のせいだったのだわ」。

　一見して，自然は騙すことができるかに見えるが，アンナとロザリーの異なる態度が示しているように，この欺瞞は残酷な冗談とも，あるいは愛情深い贈物とも読まれうるのである。どうしてかと言えば，自然の欺瞞は欺瞞なのではないし，嘘ではないからなのだ。アンナはうぶな母親を傷つけようとする意図を自然に帰しているが，ロザリーは死の準備として幻想的な若さの数カ月を自分に提供しようとする意図を自然に帰しているのだ。そうではなくて，"自然"はたんにそれがいつもやっていることをしただけだし，腫瘍細胞の数を増やした結果，発情ホルモンを増加させて，出血を惹き起こしたのだ。だから自然は欺そうという意図も，贈物をしようという意図もなかったのである。二人の女性が自然に意図を帰したのであり，これとともに欺瞞の可能性をもそれに帰したのであり，そのせいでロザリーは"自然"の名において言いわけせざるを得ないと感じているのだ。自然を友でもあれば共犯者とも感じ，かつそう見たがってきたのだからである。

　今や必要なことは，嘘とは何か，誰が嘘つきだと言えるのかをはっきりさせることである。

　　　　　プラトンとアリストテレス

　プラトンは『ソフィステス』（260C3-4）〔藤沢令夫訳，岩波書店，全集3，1976年，143頁〕の中で，嘘つきを定義して「言表の内に生じる虚偽」は思考の内に生じた虚偽に由来し，両方とも「ありもしない物事を判断したり語ったりする」ことに由来する，と述べているが，これはたいして役に立たない。

　有（存在），知られていること，言われることは，世界では違いがないのだ。なぜなら，この世ではイデアが物事を生じさせている以上，イデアを含む物事

よりもイデアのほうが優れているからだ。『クラテュロス』の中で披瀝され論証されているように、言葉の本性起源か慣習起源かについての懐疑も、このアテナイ哲学者をして、嘘の原因を探究させることはない。嘘は物事そのものの内にはないのだし、物事が存在すると言われているのにそれがないとしたら、その物事は「虚偽の言表」を誘発することになるからだ。この種の談義は誰かソフィストの口から出たとしたら厳しく糾弾されて、定義上、言表の真偽の可能性すらも認められないのだが、プラトンは、『国家』に関する対話において読めるように、また、本書の第4章でも掘り下げるように、統治者が民衆の善のためにそれを用いるのであれば、これを容認しているのである。

それに引き換え、アリストテレスが『ニコマコス倫理学』の中で真面目人間と嘘つきとの行動を記述している数ページは、私たちにとって大いに役立つ。嘘そのものの定義を与えているわけではないが、アリストテレスは疑いもなく、嘘とは、言動において誠実であるか嘘つきであるかを自ら決心している人による完成した一つの「行為」と見なしている。『ニコマコス倫理学』第4巻の中で、アリストテレスはさまざまな美徳を検討し、真実さに至ると、彼は「真実であるところの人びと、ならびに偽なる人びと——その言動においてと同時にまたその外見において——」(IV, 7, 1127a19-21) を論じたいと明言している。この哲学者の特徴たる上品さをもって、彼はこの著作の冒頭で「道徳的に美しいことや正しいこと」といった議論に対しては「だいたい荒削りに真を示す」ことで「満足しなければならないであろう」と主張しているのだが、ここに表明された方法を誠実さに応用するのだ。なにしろこういう議論は「多くの差異と揺曳(ようえい)」を呈しているので、最大の厳密さをもってしか結論を下すことができないからである。他方、「そのことがらの性質の許す程度の厳密を、それぞれの領域に応じて求めることが教育ある者にはふさわしい」(I, 3, 1094b14-25)。したがって、道徳研究は数学とか形而上学とかの研究の厳密さを自認することはできまいし、たとえそれ自体もっとも周知なものではないとしても、研究者にもっとも判明なことがら——何をすべきかという「こと(ホテイ)」(I, 2, 1095b7)——から出発しなくてはなるまい。

だからアリストテレスが提唱している美徳、とりわけ真実さの現象論的分析は、興味深いさまざまなニュアンスの把握を可能にする。つまり、虚飾家と"卑下する人"との間の「中」にいる人は真実なのだ(この場合、卑下する人

とは今日なら控え目な言葉（understatement）の支持者と定義されるような人，つまり，本来の長所を否定ないし過小化する人と解されねばならない）。しかも真実な人であれ嘘つきであれ，虚飾家であれ卑下する人であれ，みな同じというわけではない。たとえば，取引関係でのみ公正な人はたんに公正なだけであって，厳密には真実なわけではない。真実であることを好む人とは，「申しあわせについて真実であるとか，その他……のことがらにおいて真実であるというのではなく（……）こういったことがらとは無関係なものごとの領域で，もっぱら，"性向"（ἕξις）的にそういう人間たることに基づいて，言説においても生活においても真実であるような人」（IV, 7, 1127b1-3）を意味している。こういう人は重要性のない場合にさえ真実を愛し，真実そのものの誇示よりも，それの過小のほうに傾くし，嘘そのものを避けるのである。他方，虚飾家はお金のために偽の長所を自分のものであると主張するのであれば咎められるべきだし，名誉欲でそうするのであればあまり咎められるべきではないし，たんなる嘘言好きからそうするのであればさらに咎められるべきではない。また逆に，卑下する人でも，あまり普通でない長所を隠したり，節度を保ったりすれば，ひどく洗練された人として称賛に値するようになりうる（アリストテレスはソクラテスの例をあげている）が，他方，些末なしかもあからさまなことさえも実際以下に見せかけようとすれば，その人は虚飾家に比べられうるし，両者ともぺてん師なのである。

　したがって，嘘つきと嘘つきとが存在しているわけであり，嘘をつくのを楽しむ人──「意地悪というよりも自惚れの強い」人──の場合のように，軽蔑ないし同情に値するのである。しかしまた，誠実で誠実な人も存在する。つまり，取引でいかさまをしないことに甘んじており，逆に，言葉でも態度でも嘘に対して軽蔑を示す人がいるのだ。周知のように，アリストテレスにとっては，ほかのそれよりも一つの態度を選ぶのは，「生まれつき（フュシス）」や教育にかかっているのだが，しかし個人の選択の余地が許されているのは見かけ上だけなのであって，個人が嘘つきであろうと決意する根底は，物事の"真理"なのではなくて，国家や教育がその人のために仕上げた道徳的態度のほうなのである。さらにまた，この選択の内部では，ありうべき階梯のうちの一つにその人は位置を占めることができるのであり，アリストテレスは正直と虚偽との間にこういう階梯の目録作りをしたのだった（これらは常に道徳的態度として解

釈されてきたのである)。

西洋全体にとってのアウグスティヌスの定義と分類

　深刻度に基づく，嘘についての厳密な分類が見つかるのは，西暦395年に書かれたヒッポの司教アウグスティヌスの小著『嘘について』(*De mendacio*) においてである。この議論はおおいに論じられるべきものだったし，またもっとも難解で，紆余曲折に富んだ一冊と見なされてきた。アウグスティヌス本人も426年から427年にかけて書かれた『再論』(*Retractationes*) のなかで，嘘については「曖昧で，面倒で，困難だらけの」(*Retr.*, 1, 結び) 或るテクストを書いたと告白することになる。これは同じテーマ『嘘への反駁』(*Contra mendacium*) についてもう一つ論文を書いた（420年）後で初めて，出版のために修正されるにいたったが，20年以上もの間隠されてきたのだった。

　でも，嘘についてなぜそのような探究や議論が行われるのか？　なぜそのような曖昧さや困難さがあるのか？　このアフリカの修辞学教師の心には，嘘が倫理と解釈という相互に照合しあう二重の観点の下に表われるのである。なにしろ，倫理的判断を理解するためには聖書を正しく解釈する必要があるし，他方，聖書を正しく解釈するためには，たんに書かれたテクストから推論されるもの以外に，やはり倫理的次元の照合をも行う必要があるからだ。

　この結論はなかなか興味深い。一方では騙す意志は控訴の可能性もなしに有罪判決を下されるのだが，他方，嘘——正確には，聖書が伝えていると思しき嘘——はゆったりと正当化されるのだ。パウロがペトロやバルナバの「見せかけの行い」について非難している場合（「ガラテヤの信徒への手紙」2. 11-16）のように，嘘でないからにせよ，エジプトの産婆たちの嘘のように，より広い脈絡で解せねばならないからにせよ，いずれにしても聖書が告げている嘘は模倣すべき範例と受け取られるべきではないのであって，また実際，嘘はいつも強く非難されているのであり，寓意的意味で解すべき事件として受け取られねばならないのだ。実は，後者の結論は前者の結果なのである。つまり，アウグスティヌスも主張しているように，嘘は嘘つきたらんと欲する人の意志に基づいているだけだとしたら，実際に起きた事件についての報告は嘘と見なすわけにはいかない。示しているものとは別のことを意味しているということは，嘘で

はない。なぜなら，そこには嘘をつく意志ではなくて，むしろイメージを用いて或る概念をよりよく説明しようという意志があるのだからだ。要するに，責任は私たちの表現手段の貧困さにあるのであり，この先見てゆくように，こういう表現手段こそが嘘をつき，裏切るのである。

　『嘘について』をアウグスティヌスが書いたのは，（信者たちの嘘への性向を食い止めるという）司教としての動機や（〔イスラエル民族の〕族長たちの嘘に基づいて旧約聖書の権威を否定していたマニ教徒たちに答えるという）護教的な動機や，（ユダヤ人化する異教徒たちと論争しようというあまり，自らの思想を真剣に表明しなかったことでパウロを非難していたヒエロニムスに答えようという）聖書釈義的な動機からだった。

　この著作は一巻だけであって，嘘へのアンケートを成しており，言葉そのものの曖昧さ不明瞭さに加えて，語る者の側での嘘をつきたがる邪悪な意志も示されていた，『教師について』(De magistro) や『弁証術について』(De dialectica) の部分を掘り下げている。第一の考察はこうだ。つまり，自発的な嘘についての冷徹な分析でも，上掲の諸著作の中で言葉に関するアウグスティヌスの省察を基礎づけていた存在論的体系を少しも動揺させはしないという。当初から明白なように，論じようとしているもろもろの"モノ" (de rebus, Mend., 1, 1) は，多かれ少なかれ大きいそれらの曖昧さに基づくのではなくて，語る者の意図に基づき，真理に即して言われうることもあれば，または言われ得ないこともある。不明瞭さはともあれ言葉そのものの限界や，言う人の悪意のせいで，言葉の中には常につきまとう。また実際，冗談めかした嘘なる仮説がひとたび遠ざけられるや，アウグスティヌスは嘘を次のように定義するのである。「嘘つきとは，あることを考えながら，何か別のことを言葉なり何らかの表現手段で主張する人である」（『嘘について』, 3, 3)。嘘は心の意図に依存しているのであって，物事の真実とか誤謬に依存しているのではない。「ここから結果として，人は嘘をつかずに誤謬を言えることになる，たとえそうではなくとも，物事が言われているようなものだと考える場合には。また，嘘をつきながら真を言うこともできることになる，実際には物事が言われているようではないにせよ，真の代わりに誤りを主張したり，それが誤りだと考える場合には」。

　そして，それから聖書のふんだんな帰結によって支持された，基本原理が表明されるのだ。つまり，このヒッポの司教によれば，人は決して嘘をついては

いけない。生命を救うためにも。なぜなら，心の生命は身体の生命より価値があるからだ。また，精神的幸福を得るためにも。なぜなら，それは真実によってしか得られないし，したがっていつも嘘つきから逃げるからだ（restat ergo ut nunquam mentiatur boni, *Mend.*, 8, 11)。どんな類いの嘘であれ，そういう嘘を介して加担者になるよりも，悪に耐えるほうがましなのであり，そして『嘘について』第2部では，嘘を深刻度の減少する順にこう分類している。つまり，人が嘘をつくのは，
1) 誰かを改宗させるため（そして，信仰の問題で嘘をつくのははなはだ深刻だ），
2) たんに害を加えるため，
3) 騙すのをおもしろがるため，
4) 他の人びとを傷つけて誰かを喜ばせるため，
5) 誰も傷つけずに気晴らしするため，
6) 会話を活気づかせるため，
7) 生命を救うため，
8) 誰かが淫らという被害を蒙るのを回避するため（これはロトとその客たる天使たちの場合である）。

この最後の2種類の嘘の深刻度がもっとも小さいことは明白だが，それでもこういう嘘も策を弄したり，うまく沈黙をつかったりして回避しなくてはならない。アウグスティヌスはミニマム主義や相対主義のいかなる解釈にも異議を唱えて，こう主張している。「この議論はできる限り，人は決して嘘をつくべきではないと主張したり，このテーゼのために，神の証しを提示したりする若干の人びとが相次ぐのを見ることになる。そして，他の人びとはこれに反論し，神の証しそのものの言葉のうちにも嘘の余地を探し求める。だが，聖書の中に嘘を愛するとか嫌わないようにとか促すような言葉や例が見つかるようだ，とは誰でも言えない。つまり，人がときおり嘘をつくとしても，それはより嫌悪すべき別のことを避けるために，一つの嫌うべきこととして嘘をつくべきなのだ。でもこの場合，貴重なことを価値の劣るものの下に従属させる人びとは間違っているのである。実際，より深刻な悪を引き受けないために一つの悪を諦めて容認するときには，それを真実の規律に従ってではなく，自らの貪欲さや自らの習慣に従って推しはかり，より強く恥辱を生じさせるものを，もっとも

深刻なものと見なし，そして，実際にもっとも遠ざけるべきものとは見なしていないのである」。

　避けるべき悪を発見するための規律は真実の規律なのであり，これは人の内面にあるものであるが，人より上位のものなのだ。つまり，この規律は地上の生命よりも永遠の生命の上席を強いているし，しかも，示唆的な恥辱とか，行動の社会的結末へのたんなる評価とかに対抗して，諸行為の道徳性を評価するための参照点を成している。だから，アウグスティヌスはこう続けるのである。「こうした間違ったあらゆる態度は，愛の倒錯から生じる。実際，われわれには二つの生命があるのだ。つまり，神から約束された永遠の生命と，今われわれが置かれている現世の生命とである。誰かが永遠の生命よりも現世の生命を愛し始めるや否や，その人の愛する生命のためには何でも為しうると考えるし，これへのあらゆる侮辱をもっとも重い罪と見なすのである――自分の利害の一つが不当かつ不法に奪われるとか，まさしくこの生命が奪われて死んでしまうとかする場合には。だから，彼らは放蕩者，のんだくれ，淫乱者は誰にも害を及ぼさないから，こういう連中より以上に泥棒，強盗，誹謗者，死刑執行人，暗殺者のほうを嫌うのである。彼らはたしかに神を犠牲にしてではないが，自分のより大きな破滅のために，神を侮辱していることを理解しないか，もしくは実際上，こういうことを気にかけない。なにしろ，彼らは神から為された現世の贈物も破壊するのだし，この理由から，とりわけ永遠の贈物がもうすでに神の神殿になりはじめたとしても，こういう贈物と離れ離れになるからだ。このことは使徒パウロがすべてのキリスト教徒たちに向かって述べていることなのだ――『あなたがたは，自分が神の神殿であり，神の霊が自分たちの内に住んでいることを知らないのですか？　神の神殿を壊す者がいれば，神はその人を滅ぼされるでしょう。神の神殿は聖なるものだからです。あなたがたはその神殿なのです』(「コリントの信徒への手紙一」3, 16-17〔新共同訳『聖書』，日本聖書協会，2001年，（新）302頁〕）と。そして，これらのあらゆる罪は，人びとがこの生命の利害のせいで犯す罪であれ，誰をも傷つけることなく自分自身を滅ぼす罪であれ，したがって，これらのあらゆる罪は，この現世の生命に何らかの快や何らかの益をもたらすように見えようとも（また実際，誰もほかの目的で罪を犯すことはない），永遠の生命に到達するのを妨げるのである。なぜなら，これらの罪はいずれにせよ拘束するからだ」(*Mend.*, 18, 38-39)。

嘘の定義

　永遠の生命に到達するのを妨げるものは，罪であるし，しかも罪は内面で燃え尽きる。つまり，嘘の場合には嘘をつく意図とともに，恥の場合には猥褻に同意がなされるときに。被ったものと欲したものとの相違は明白だ。史学は行為の適法性を評価するあらゆる学説を「目的倫理学」と規定するであろうが，この場合，主体が行為に与える指示を基にしているのであって，行為の結果に基づいているわけではない。神が尊重するのは物事そのものよりも「物事が為されるところの心」(*Ethica seu liber scito te ipsum*, 3) のほうなのだ，とアベラールはアウグスティヌスの700年後に示唆している。一方，トマスは「意志の行為」よりも道徳的判断の対象のほうに中心を置いているし（『神学大全』*Summa theologiae*, II, IIae, q. 12, a. 1），またカントの『道徳形而上学原論』(*Grundlegung zur Metaphysik der Sitten*, 1785) の第1章「道徳に関する普通の理性認識から哲学的な認識への移り行き」では，またしても"善意志"が語られている。「われわれの住む世界においてはもとより，およそこの世界のそとでも，無制限に善と見なされ得るものは，善意志のほかにはまったく考えることができない」（篠田英雄訳，岩波文庫，1960年，22頁）。

　したがって，アウグスティヌスが私たちに教えているように，嘘は言われているものの真・偽にではなくて，言っている人の意図に依存しているのだ。そして同時に私たちは，善人は決して嘘をつかない，という説諭を受けるのである。ほんとうに決して嘘をつかないのか？　生命を救うためであれ，祖国を救うためであれ，冗談を言うためであっても？　ヒッポのこの司教は答えて言う，「だから自明のように，いろいろの物事について論じた後で，聖書の証しが教えているのは，決して嘘をつくべからず，という一事だけなのである」(*Mend.*, 21, 42)。論考『嘘について』の最終ページはこうして，上述の八種類の嘘のそれぞれの不正な性質を想起させているのだ，もっとも深刻度の劣ると思われるもの——淫らな被害を蒙るのを救うための嘘——さえも。なにしろ「心の純潔は身体の汚辱に優る」からだ。こういう一徹さについては，次章の嘘の禁止を扱うさいに再検討することにしよう。さしあたりアウグスティヌスの本文は私たちに嘘についての有益な定義を供してくれたわけだ（これの妥当性は数世紀

にわたって注目されることになろう）し，同時にまた結局のところ，一つの小さな慰めをも供してくれたことになる。自発的ないずれの種類の嘘にも罪状のあることを権威を持って主張した後で，アウグスティヌスは「コリントの信徒への手紙二」を引用している——「そして誰がこんなことに適していようか」(et ad haec quis idoneus?)。言わんとしているのは，人は決して嘘をつくべきではないとしたら，正直言って，誰がほんとうにそんなことができようか？ということらしい。

　だから嘘つきとは，何かを心の中に抱きながら，言葉ないし何らかの表現手段で，心の中に抱いていることに対して別のこと (aliud) を表明する者なのだ。嘘つきは「二重の心」(*Mend.*, 3, 3) を抱いており，自らの言行の真実性とは無関係に，嘘をついていると知りつつ嘘をつくのである。アリストテレスの本文にもあるように，嘘つきは言葉ばかりか，行動においても，要するに伝達行為たらんとする一切のものにおいても，嘘をつけるのである。ここからして，「嘘を言うために利用しうるあらゆるもの」(Eco, 1975, p. 17〔池上嘉彦訳，Ⅰ, 8頁〕) としての記号や，嘘についての理論としての一般記号論という有名な定義が出てくる。なにしろ，「嘘を言うのに使えないようなものがあれば，それは逆に真理を伝えるために用いることもできない」からだ。「事実，何かを"伝える"ということのための使用は不可能になる」〔同頁〕。

　本章の冒頭で存在論的テーマとして拒否してきた真理が，嘘の定義のせいで，とりわけ，嘘を可能にする手段——つまり，記号をなすすべてのもの——のせいで，"美徳"として再び検討の対象となるのである。トマス・アクィナスが嘘を正義ないし好意に対しての罪ではなく，美徳として解された「真理に対しての」罪だと明言するときも，別のことを主張しているわけではない。実際，真理の美徳は「何らかの記号によりなされる顕現に」(in manifestatione, quae fit per aliqua signa, *Summa theologiae*, II, IIae, q.110, a. 1) あるのだし，そしてもろもろの記号を通して現われるこの顕現は一つの「道徳的行為」なのである。なにしろ，「自然な」本能に駆り立てられてしか記号を発しない野獣たち (bruta animalia) に起きていることとは違って，人間は常に自発的に意味表示するからである (Castelfranchi, Poggi, 1998, p. 49をも参照——「われわれは劣った動物たちに騙す意図があるとは思えない。なぜなら，こういうことは，「他者の心をあらかじめ表象すること」を前提とする……からだ。この場合，

騙すという目的はだから，生命にかかわる機能ないし目的性であるに違いなかろう」)。アウグスティヌスの定義はトマスによって引き継がれ注解されるのである。彼はペトルス・ロンバルドウス（『命題集』III, 38, 1, II, 213）に着想を得て，嘘を「有用なもの，遊戯的なもの，危険なもの」（同書，a.2）へさらに下位区分して，非誠実の別形態——偽装，偽善，自慢話ないし空威張り，さらにアイロニーといったもの——から嘘を区別しているのである。

　典拠はまさしくアリストテレスとアウグスティヌスなのであり，われわれとしては次章においては，トマスの書物の分析を転記することにし，目下のところはアウグスティヌスの定義をキリスト教西洋によって受け入れられたものとして考察するだけに留めたい。この定義はトマスの良心で緩和されてゆく。彼は，そうとも知らずに虚偽を言った者のあらゆる過ちを取り除いているほか，意識的な嘘つきから，少なくとも，ただ大罪のみを犯した責任を軽減しているのである。

内心の留保

　定義をし，分類の若干の試みをした後で，しかも嘘を言えるための諸条件に立ち向かう前に，無視できない一つの要素，それは，キリスト教史において神父たちや教会の博士たちからの禁止対象だったものである。これはいわゆる「内心の留保」であって，この17世紀の隠し芸（escamotage）が，虚偽と知りつつも，（言葉や身振りで）言ったこととは違った，真正な意味を心の中では抱きながらも，虚偽を主張することを可能にしていたのである。これは幼児の無邪気さを救ってくれるものでもあって，電話で「いいえ，パパは居ないよ」と言わざるを得ないときに，内心では「……この部屋には」居ないとか，「うるさい人であるあなたにとっては」居ないと考えるような場合である。これはまたたくさんのカップルを救うこともできるのであって，代名詞とかさまざまな言い方を弄んだりする場合である（「彼と一緒にあなたを裏切ったなどとどうして考えたりできるの？」「俺は彼女とは昔から会っていないよ」。そう，でもどのくらい？）。だが，これは多くの厳格主義者たち（かならずしもキリスト教徒である必要はない。これから見てゆくように，カント主義者たちであっても十分なのだ）だって救ってくれるのであって，トマスが「有用な」嘘（mendacia officiosa）と定義した，しかもわれわれが「敬虔な」ないし「情愛深い」と名づけている嘘に彼らは身をゆだねたり，生命を救ったりしているのである。

　「内心の留保」は裁判上の取引の過程で，意志の言明が言明者の内的意志に合致していなくて，心の善意の表現として現われているような条件を表明するための専門用語となっている。嘘をついていると「感じない」で，しかしそうしなければならず，そうしたいと分かっており，したがって，嘘をつきながら，自らの良心と折り合いをつける人物の形式尊重は，われわれの目にはわずらわしいが，しかし，ロヨラのイグナティウスが弟子たちに対して，どんなことがあろうと或る人に否定的判断を避けるために要求していた，判断の中止という態度のうちに，その起源を探し求めねばなるまい。「善良なキリスト教徒はすべて隣人の主張を非難するよりも救うようにしなくてはいけない」とイグナティウスは『霊操』(Exercitia Spiritualia, 22a) の中で書いていたのであり，間接的には異端の非難から自己弁護し，門弟たちは，聴いたいかなる主張に対しても倫理面で最上の意味を探し求めるよう要求していたのである。

　われわれは物事を言い表わしている人の誠実さからその物事の真理を切り離す必要性について語った以上，今や確証すべきは，話す人の誠実さについての第一審と，主体自身には知られていようがいまいが，とにかく誠実な表現の実際の意図についての第二審との，さらなる分離である。こういうことは，内心の留保を応用している人の心中でまさに生起しうるのだ。ファシスト党に入党して，忠誠を誓うことにより，「仕事，パン，生命そのもの」を救うことが可能となっていたイタリア人たちに対して，ピウス11世が勧告したのも，「この留保」ではなかったか？「良心に平静さ」を授ける手段を探し求めて，この法王はファシスト党員たちに「神の御前および自らの良心の前でこういう留保」をするように語っていたのだ――「《神もしくは教会の掟よ万歳》または《善良なキリスト教徒の義務よ万歳》と。どうしても必要を感じた場合には，外面的にはこういう留保を言明するのだと固く覚悟した上で」（回勅「われらは必要ない」[Non abbiamo bisogno]，1931年6月29日付）。

少なくとも二人いなくてはならない

「われらだけが真実を知っているのは何と重い荷物であることか！」とはドストエフスキーの『滑稽な男の夢』(1877年) の作中人物が，「彼ら」つまり人類全体を眺めて悩まされる悲しみを明らかにした後の言葉である。「私は知っているというのに，彼らは真相を知らないのだから悲しくなる」。だが，われわれにとっては依然として，真相が何かを知ることは重要でない。それはこの特別の場合だと，仮定――確実と化する――であり，「世間ではいずれにせよ，すべてが無関心である」のだし，したがって，何もほんとうは存在していないし，何も存在しなかったし，何も存在することはないであろう。大事なこと，それはこの悲劇的な物語の主人公が「他人たち」に決して嘘をつけないし，真実であると見なしていることを決して伝達できないだろうということなのだ。何しろ，彼だけがそれを知っており，そうと信じているのだからである。彼の周囲では，無関心どころではない生活の演劇性へのたえざる喚起により，たとえ彼が自殺の意図をそらせるにせよ，彼の確信が揺り動かされるには至らない。小娘が彼の腕にしがみつき，熱で取り乱しながら，たぶん死にかけている母親のために助けを求める。隣の部屋では，取り乱し酔いつぶれた兵隊が乱暴を働いている。未亡人の小家族の悲惨さ。この男にとって無以外の何かが存在すると考えさせるようなものは皆無だ。実際，彼は夜な夜なこう過ごすことを言明している。「俺はこのテーブルの前の肘掛け椅子に座っていて，何もしていないんだ」。何物も誰も物語の主人公の言葉(コード)を喋らないのだから，彼にとっては語ってくれるものが皆無なのだ。彼だけしか真実を知らないのである。

　嘘の定義とともに明らかになるのは，嘘が開花するのに必要な条件がどういうものでなければならないかということだ。つまり，真実についての前もっての合意である。言い換えると，伝達の可能性が不可欠なのだ。何か別の手段で言われるか表明されることが必ず本当であらねばならないということではなくて，"真" として規定されるべきことについて合意があるということなのだ。こういう合意に基づいて初めて，語る人びとは "真" についての全員一致の定義に符合することを言わんとしているのか，それとも，別のことを言わんとしている（したがって嘘をつこうとしている）のか，を決めることができるであ

ろう。周知のように，太陽は昇りも沈みもしない，つまり，地球の周りを回転していない。しかしわれわれはみんな，日没とか日の出を話題にすることに合意している。仮に或る朝，遊び半分か悪意からあなたが未熟な人とか，大陸間飛行から降りたばかりの人に，「おや，見てごらん，空が赤いね，これは太陽がゆっくり沈むところなのだわ」と言ったとしたら，あなたは嘘つきということになろう。逆にあなたがこう言ったとしたら，そうはならないだろう——「あんたが困惑されるのは分かっているけれど，太陽は昇りつつあるのよ」。なぜなら，偽と知られていることを主張しながらも（太陽は地球の周りを回転しないし，したがって，昇りはしない），あなたは言葉遣いの真正さについて共通の合意に属する何かを主張していることになろうからだ。また，あなたがこう宣言されるとしたら，もはや誠実どころか，ひどくうんざりさせられることであろう——「ねえきみ，この赤い雲はしばらくすると地球が或る位置を取り，太陽がさながら白雪を頂く山々の背後から昇るかのごとき印象を私たちに与えるだろうことを示している。でも，私たちはもちろんそんなことはないことを知っているがね」。

前節で主張したことは，学者集団がごく生真面目に語ってきたし，ことは単純かつ明白な概念であるだけに，長篇小説，短篇小説，おとぎ話の作家たちといった，より共感的な声にわれわれが導かれない理由はない。ジョナサン・スウィフト，ルイス・キャロル，ジャンニ・ロダーリといった作家たちが描述した状況では，嘘そのものの概念が欠如しているし，したがって，嘘を真の主張と区別することができないし，嘘が積み重なって，互いに相殺(そうさい)されている以上，過度でも欠陥があっても嘘は生起し得なかったのである。

無用なるがゆえにあり得ざる嘘

『ガリヴァー旅行記』（1726年）では，第4部が描いているのはオーストラリアの海岸に近い所にあるとされる馬の国フゥイナムへの主人公の旅である。ここで活躍しているのは一種の畜獣ヤフー（そのとおり！ コンピューターの検索用サイトにも出てくる）を支配する賢くて話せる馬たちにほかならないのであり，彼らには疑ったり，不信ということは不可能なのである。ガリヴァーが粗野なヤフーとは異なることを理解した後で，馬の一頭がこの英国人に生涯を

語り，出身国を述べるよう要求する。ガリヴァーは「鼻と喉で語る」馬たちの言語——このため，彼らの言語は「古オランダ語，つまりドイツ語に」似ている（英国人はドイツ人をからかう好機を決して取り逃がしはしない）——をやすやすと習得したのだが，逆に彼は自分を分からせるのに深刻な問題を抱えることになる。実際フゥイナム国の人間にとっては，海の彼方の国は「存在しないようなもの」であって，だからガリヴァーが英国の話をすると過ちを犯すことになるのだ。

そして面白いことに，ガリヴァーは嘘をついていると非難されはしないで，間違ったことを非難されるのだ。フゥイナム国の人々にとって，自発的行為としての嘘は不可解なのであり，「存在しないことを言う」行為を，彼らは聴く人の情報水準を増す代わりに減少させる誤りと見なしているのである。したがって，賢明かつ素朴な馬たちにとって，嘘とは無用な行為なのであり，言葉の使用を空しくするものなのだ。ガリヴァーを泊めてくれた鹿毛(かげ)の馬はこう言っている，「もし私が無知よりひどい状態に置かれて，実際には白い物を黒いと信じさせられたとしたら，私は誰かを理解するとはとても言えないし，ましてや情報を得たことにはならないからです」，なにしろ「言葉の使用は互いに分かり合うためになされる」のだからだ。

ストア学派の人びとのそれに似た前望だ。彼らはモノの表象は，真であるならば，反論の余地のない明白さをもって表わされるのだから，これを承認することは不可避だと見なしていた。「受容された表象は，実際に存在するモノによってはっきりと印づけられ刻印されるし，それが実際に存在し，かつそういうものである限り，それは存在しないモノから現出していることはあり得ないであろう」（セクストス・エンペイリコス『学者たちへの論駁』〔*Adversus mathematicos*, VII, 248〕）。言葉が再現するのは，唯名論または少なくとも概念論の図式に基づく感覚的印象なのであり，こういう図式はだいたいにおいて，感覚的知覚の誤り（水中では折れたように見えるが，実際にはそうでない，例の棒）に余地を残すだけであって，騙す可能性には余地を残していない。そして，われらがフゥイナム国の人びとはその行動においてもストア学派の人びとを想起させる。彼らは嘘ばかりか，権力闘争，戦争，（盗みから男色に至る）あらゆる類いの悪行をも無用かつ無意味なものと見なしているからだ。この点ではスウィフトが『諸種の問題についての考察』の中でコメントしていたことを想起しな

ければならない。「われわれの欲求をきっぱりさえぎることによりわれわれの必要を満たすというストア学派の計画は，帰するところ，われわれに靴がないからとて足を切り取ることになる」。フゥイナム国の人びとにとっても，ストア学派の人びとにとってと同じく，真理は明々白々なのだ。つまり，嘘は無用なのであり，したがって逆説的には，不可能なのである。嘘つきは，語る馬からは色盲ないし幻覚にとらわれた人として治療されるであろう。

合意しなければならない

　真理があり余っているところでは嘘つきは存在し得ないにせよ，嘘つきが真理そのものに関して最小の合意もないところでは少なくとも市民権を有することは，ドストエフスキーの物語や日の出に関して私たちが語ったとおりである。童謡（nursery rhyme）の主人公ハンプティーダンプティー（アリスが『鏡の国のアリス』の中で語る卵の形をした人物）の場合は有名だ。ルイス・キャロル（1832-1898）のこの作品は英文学者や論理学者といった本来の賛嘆者たち以外にも仮想現実の探究者たちにも周知である。本書の冒頭の章では，アリスが鏡を横切り，子猫のほうを向いて「ガラスがガーゼみたいにやらかいってことにしてさ，そうすればくぐりぬけられるじゃない。あれえ，ほんとにもやみたいになってきたじゃないの，これならくらく通りぬけられそう」（矢川澄子訳，16頁）と語りかけているのだ。この引用が有益となるのは，第5章の不信の停止に関してであろうが，当座はハンプティーダンプティーの挿話で満足しよう。彼はまったく幻想的な世界，つまり，ガラスが「霧の類い」のようになるという振りをしたがるからとの理由だけで，近づける，鏡の彼方にある世界の中で伝達しうるためには，何が真実かに関しての理解が必要なことを強調しているのだ。アリスと巨大卵との対話（いわば擬音語によりこう呼ばれており，実は hump が「こぶ」を，dumpy が「ずんぐりした」を意味することを明言しているのだ）は，キャロルの語るすべての細々したシーン同様に，逆説的でもあり興味深いが，それはハンプティーダンプティーの以下の言明で頂点に達している――「ぼくがことばを使うときは，だよ……そのことばは，ぴったりぼくのいいたかったことを意味することになるんだよ。それ以上でもそれ以下でもない」（矢川訳，68頁）。言葉にそんなふうにやたらといろんな意味を

もたせることがはたしてできるものかどうか，というアリスの戸惑いに対して，卵（ハンプティーダンプティー）の最終的な答えは「問題はだね．どっちが主導権をにぎるかってこと——それだけさ」（矢川訳, 68頁）なのである．

こういう理由からハンプティーダンプティーは言葉を創り，また言葉の意味を創り出すのであり，「……これまで創られた詩ならどれだって」解説できるし，「——まだ創られていない詩だって，たいがい」（矢川訳, 71頁）解説できるのである．だがハンプティーダンプティーは嘘がつけないし，騙されることもあり得ない．なにしろ，意味について合意していなければ，コミュニケーションも，したがって，騙すことも不可能なのだからだ．このみっともない人物は自らそのことに，しかも優に2回も気づいている．最初は彼が自分の名前には恣意性がないことを強調するときであり，2回目は彼がうたっていないことを見たというアリスを叱責するときだ（「《ぼくがうたっているかどうか，見えるだなんて，きみ，よっぽど目がいいんだねえ》．ハンプティーダンプティーは辛辣だ．アリスはだまってしまった．」〔矢川訳, 73頁〕）．意味の絶対的な主人となりたい者は，固有名詞に「自然な」意味を求めて，みんなからはっきりと「認め」られるようにするし，混同する権利を主張しながらも，混同されないために，一方では他人に対してはことばの所有権を要求するのである．

こういう状況はジャンニ・ロダーリによって，その有名な寓話『うそつき国のジェルソミーノ』（1958年〔安藤美紀夫訳，筑摩書房，1985年〕）の中で極限に至らせられている．この話で語られているところによると，海賊ジャコモーネは海を進むのに疲れて，陸地の或る国を占領し，自分の名前を国王ジャコモーネ1世に変え，手下の将官たちをたんなる海賊ではなくて，海軍大将，侍従大臣，消防長官に任命するのである．それから法を定め，みんなに自分を国王陛下と呼ばせ，違反すれば舌を切るぞ，と脅した．「そのうえ，だれの頭の中にも，ほんとうのことを言おうなどという気がおこらないようにするために，ことばをすっかり変えてしまえと，大臣たちに命じました」（安藤訳, 38頁）．したがって，手始めに，〈海賊〉ということばは〈紳士〉を意味しなければならなかった．朝には〈おはよう〉と言わずに〈こんばんは〉と言わなければならなかったし，また〈すげえ美人だな〉と言うかわりに，〈どうしようもない美人だな〉と言わねばならなかった．この法律は絶対的な意味での嘘を義務づけていたし，手下の見張り人は，草むらの中に隠れて居て，もし誤って5月の花を〈にんじ

ん〉の代わりに〈バラ〉と呼んだりした者に罰金を科したり，パン屋の代わりに肉屋で肉を買おうとする者とか，雨降りを見て素晴らしい太陽をほめないような者とかから罰金を取り立てるのだった。もちろん，完全な伝達不能に陥らないために国王ジャコモーネははっきりしたきまりをつくらざるを得なかった。つまり，バラはチョウセンアザミではなくて，にんじんだったし，猫はカナリアではなくて，犬だった（し，したがって吠えることを覚えねばならなかったし，同じく犬はにゃおにゃおと言うことを覚えねばならなかった）。嘘は大っぴらになっていた。ほんとうのことを言ったと誓った人に対しては，「『よし，よし』と，警察署長もまけずに大声をだしました。顔にはいじの悪い笑いをうかべていました。『ここに，ほんとうのことをいうのに賛成の者がいる。わたしには，おまえがちょっと頭がへんにちがいないとは，とっくに知っとった。そいつを，いま，おまえがわたしに証明してくれた。さあ，精神病院へくるんだ』」（安藤訳，128頁）。

　精神病院はもちろん，囚人たちであふれていた。しかし，彼らはジェルソミーノに助けられたおかげで，「それ〔逃げ出すこと〕は規則違反ね。でも，もういっぽうからみれば，規則がわたしたちに違反しているんだものね。じゃ，いきましょう」（安藤訳，196頁）と叫びながら，逃げ出したのだった。暴動が起きたのは，一匹の猫が吠える代わりに，にゃおにゃお鳴きだしたからだった。国王ジャコモーネは悪漢という自分の素性を隠すために厳正さを保とうとしたのだが，それでも日常のコミュニケーションを支配することはできず，こういうものに法律は不十分だったのである。こういう法律は実際，協定に基づくべきものなのであり，結局は暴力で科せられることはできないのである。（ハンプティーダンプティーの名前とか，フゥイナムたちの言葉のように）自然（フユシス）から出ているにせよ，（アリスの詩とか，野菜に対してよりもむしろ花に対して授けられた"バラ"のように）慣習（テシス）に起因するにせよ，言葉とかジェスチャーで伝達している人びとから受け入れられ認められた協定でなくてはならないのである。

理想的な条件

　過剰な真実とか，過剰な嘘はだから，嘘を窒息させるのであり，嘘が成長す

るには，守られた環境を必要とするのである。よく守られていてうまくゆくのは，騙す意図をもって言われた，数々の真実要素で嘘がカムフラージュされるときである。そして，まさしく修辞術は仮説的なもしくははっきりと底意のあるテーゼを主張するために，真実らしい，もしくは確かめられた範例(exempla)を活用するのであるが，喚起されたイメージの力や，引き合いに出された事件の真実性のせいで，嘘の受け手は感情に導かれてしまい，ついには信じられないことをも信じ込むに至るのである。いやむしろ，あまり信じられないことをも，と言っておこう。なにしろ，これこそが仮説や嘘をもって実際に産み出されるもろもろのことがらどうしの混同や範例の役割なのだからだ。つまり，嘘を信じられやすくすると，この理由から，現実よりもはるかに多く信じられやすいものとなるのである。現実は虚をつくし，狼狽させるし，予見しがたいし，不可逆的だ。逆に，虚偽は自然で，明白で，"人間的"にすることができる。とりわけ，真実らしい要素や，その他の事例で補強される場合には。決定的な一例は，間接的欺瞞に関してのカステルフランキとポッジの試論（1998年）の中にすでに引用されているが，シェイクスピアの悲劇（1622年）におけるイアーゴウの嘘である。イアーゴウは嘘をつかない。イアーゴウは実際に起きたこと（ハンカチの紛失，キャシオウの好色話——ビアンカについての話。ただし，イアーゴウはそれがデズデモウナのことだと信じ込ませる。キャシオウのためにオセロウの妻が介入する）を強調したり，それに一つの解釈を暗示したりするだけで，オセロウを狂った嫉妬に導いている。イアーゴウの唯一の大嘘は，キャシオウが夢の中でデズデモウナとの恋愛関係をばらしてしまう一夜の話である。第3幕の終わりでのこの無用な嘘は，オセロウから「具体的証拠」を要求されただけで吐かれたものであって，それはイアーゴウ本人によってすぐさま減じられてしまう（「こりゃあの男の夢にすぎないのです」〔菅泰男訳『オセロウ』，岩波文庫，1960年，119頁〕）。

　悪漢(villain)の体現たるイアーゴウは，大嘘つきなのだということを自らすぐに暴露する。第1幕では，ロダリーゴウという馬鹿者と話をし，したがって，大声で議論しながら，ムーア閣下は愛とか義務とかのせいでオセロウに仕える振りをしているのだと公言しつつも，イアーゴウはあけすけに主張している，「あいつにつき従ってたって，実はおれのつき従ってるのはおれ自身のほかにはないのさ」と。なにしろ「おれは見かけ通りのおれじゃない」（『オセロ

ウ』第1幕第1場〔菅原，11頁〕）のだからである。この言明は「出エジプト記」（第3章14節）の表現を想起させざるを得ないし，きっとこれは教育もあり，たぶんカトリックの信心深かったこの劇作家には知られていたに違いない。モーセが主の名を尋ねたときに答えとして神から聞いたと主張している Ego sum qui sum（「わたしはあるという者だ」）の翻訳はいろいろなやり方が提案されてきた。しかし確かなことは，「おれは見かけ通りのおれじゃない」（I am not what I am）と主張している人物は，邪悪な人物，反－神，「偽りの父」（『ヨハネ伝』8, 44）として現われざるを得ないということだ。そういうわけで，嘘そのものという俗っぽい手段を用いないで嘘を吐くことにひどく巧みなのだ。砂漠の中の誘惑を考えられたい。そこでは，キリストであることを疑う者には，神に逆らい，したがって，いつもただ，賢明に用いられる聖書の名においてのみ，その本質から矛盾することを言うようにサタンが仕向けたがっているのだ（『ルカ伝』4, 1-13では，「詩編」91からの言葉を引用して，「神の子なら，ここから飛び降りたらどうだ。というのは，こう書いてあるからだ。『神はあなたのために天使たちに命じて，あなたをしっかり守らせる。』」とある）。

　シェイクスピアの芝居が現実の鏡だとしたら（『ハムレット』第3幕第2場の主人公であるもう一人の悪漢もそう主張しているのだ），こういう上演には，一見したところ，イアーゴウの動因となっている，嫉妬，やきもち，復讐といった動機の彼方にまで突き進んでしまう，絶対的な悪の策略を欠かすことはできない。イアーゴウは緻密な推理をする人物であり，とりわけ言葉を用いるのが巧みなのだが，行動の人たるオセロウは，ある人物を誤って殺してしまうのだ。「が，しょせん，言葉は，言葉です。耳から入ったものが傷ついた心にとどいたためしは聞いたことがございません」（第1幕第3場〔菅訳，39頁〕）。オセロウの無邪気さは，とりわけ，デズデモウナの彼に対する愛がまさしく言葉から，彼の冒険的生涯の話から生じたのだと言うことを彼が忘れるときには，特に目立っているが，文学ジャンルをたどれば，すでにディドはアイエイアスの話のせいで恋に陥っているし，それ以前には，若きナウシカが，数々の旅と危険から帰還した他国人オデュッセウスのことを気遣ったりしている。

　騙しの悲劇的役割の予感はすでに第1幕において見られる。デズデモウナの父は娘がムーア男に夢中になっていることを信じられぬことと見なしている（「そんな，自然の掟に反した誤りを申し分のない娘がしようなどとは，判断力

を失ってどうかした者でなければとても考えられないことだ」〔菅訳, 32頁〕。すでに指摘したように, 現実の事柄は予見不能だし, したがって, 信じ難いのである)。やはりブラバンショの有名な言葉も次に出ている——「目があるなら, ムーア, あれに気をつけろよ。父親をだましたんだ。お前さんをもだましかねないぞ」(第1幕第3場〔菅訳, 43頁〕)。しかし, オセロウはいかなる暗示も理解しないし, 彼が注意するのは事実だけなのであり, 彼は戦士なのであって, 何らの曖昧さもなく, 不幸にも, 疑うこともなしに, 善人と悪人, 友人と敵を峻別できるだけなのだ。だから, イアーゴウの悪魔的な仕事は簡単なのであって, まぎれもない事実を生起させ, それから, 身を守りながらも, 嘘っぱちの解釈を仄めかすだけでよいことになる。イアーゴウはキャシオウを酔っ払わせ, けんかさせ, それから, 自分はライヴァルの将軍の振舞いを洗いざらい述べ立てるだけでよい。イアーゴウはオセロウと一緒に居て, キャシオウがデズデモウナと喋っているのを見, 心配気な素振りを示しながらも, なぜかは言わない (「閣下, それは御免を蒙ります」〔菅訳, 101頁〕)。イアーゴウがムーア男に恐ろしい疑念を抱かせることに成功するためには, ただ彼に質問をし, 自分では何も言い張らずに, むしろ黙止するだけでよい (「マイケル・キャシオウは, あなたが奥さまに求婚なすったときに, お二人の仲を知っておりましたので?」「知っていたよ, 初めから終わりまで。なぜ聞くのだ?」「いや, ただ納得がゆきますように。それ以上に他意はございません」)。しかし, デズデモウナは父親を騙したように, 夫をも騙すこともできるかも知れないのだぞ, という義父の恐ろしい言葉を, オセロウの記憶に蘇らせることも忘れてはいないのである。

　イアーゴウは或る魔法使い女がオセロウの母に与え, そしてオセロウが妻に与えたハンカチをくすねて, 今度はそれをキャシオウが見つけるように仕組む。またしても彼はムーアに嘘をつかずに, 自分はこの大切な布をマイケル・キャシオウの手の中にみたことがある, と言う。けれども夢に関する限りは (でも, ほんの夢に過ぎなかったのだ) 嘘をついているのであり, そして, 自分はキャシオウにデズデモウナのことを語らせているのだ, とオセロウに信じ込ませるときには, 彼は嘘をついているのである。ほんとうは自分の愛人ビアンカのことを尋ねているのだからだ。面白いことに, こういう二つの部分的な嘘が, 悲劇の中ではずっと「まじめなイアーゴウ」(「判断は私の仕事ではございません」,

「それは正しくないでしょう」）として幾度も規定されている者からの，絶えざる正直宣言と結びついてきているのである。実際，周知のとおり，嘘つきははっきりした嘘の滑る坂に踏み出したと意識すればするほど，完全・善意・忠誠を宣言し，なおかつ顔と口でも保護の素振りを示して身を守る必要をますます感じるものなのである（Anolli, Ciceri, 1992）。悲劇がもう終わりに近づき，デズデモウナがムーア男の狂った嫉妬で殺されるときでさえ，イアーゴウは妻エミーリアの非難から身を護るため，自分の意見を表明した以外の罪はない，と明言している（「思った通りのことを申しあげた。そのあとはご自分でありそうで本当のことと御判断になったまでのことだ」〔第5幕第2場〕〔菅訳, 193頁〕）。

嘘の父と子

　ロドヴィーコウ，モンターノウ，キャシオウ本人の到着とともに真実が現われて初めて，イアーゴウは沈黙を決意する——「俺に聞いたって無駄だ。知ってるだけのことはもう知ってるはずだ。これからはもう一言もしゃべりませんぜ」〔菅訳, 201頁〕。『ハムレット』のフィナーレにおけるのと同じく，残っているものは沈黙なのだ。ただし〔『ハムレット』において〕エルシノアで生起し得たあらゆる不幸を記述ないし想起するための言葉を持たない者の沈黙なのではない。イアーゴウの沈黙は一撃を加えた後で鞘の中に再び収まる武器なのだ。明からさまで下品な嘘抜きで，言葉が虚偽を信じるように忍び込み，誘導し，説得したのだ。当初から，マイケル・キャシオウのような魅力的な青年（「女をたらすように出来てる人だ」〔第1幕第3場〕〔菅訳, 47頁〕）に対してというよりも，ムーア男に対しての，美しくて高貴な乙女の忠実な恋以上にもっと「信じられる」虚偽を。イアーゴウは嘘つきの名人なのであり，自分の計画を成就するのを助けてもらうためなら夜にも地獄にも訴える（「地獄と夜の手でこの化物をあかるい世間へ生み落としてもらうばかりだ」(hell and night must bring this monstrous birth to the world's light, I, 3)〔菅訳, 48頁〕）。「嘘の父」の完璧な権化なのだ。

　イアーゴウのやり方は，神の敵たるサタンがその姿を隠している蛇の狡猾な振舞いを見習っているに過ぎない。『創世記』（第2・第3章）が呈している庭には実際，主がエデンに植えた樹木が生い繁っており，「見るからに好ましく，

食べるに良いもの」(2, 9) である。地上の楽園では,「命の木」は「善悪の知識の木」と一緒にもっとも内部に生えていた (『創世記』2, 8-9)。人が園の中に「住まわせ」られたのは,「そこを耕し,守る」ためだった (2, 15) し,神は人に善悪の木のことしか語らず,命の木を指し図することはなかった。「園のすべての木から取って食べなさい。ただし,善悪の知識の木からは,決して食べてはならない。食べると必ず死んでしまう」(『創世記』2, 16-17)。その後には,女性の創造——もちろん,すぐにアダムからこの禁制のことを告げられる——と,蛇の干渉が続く。蛇は嘘をつかずに,少なくとも,嘘の言葉を申し出ることなく,イヴに禁断の果実を食べるように説得する。禁を破れば死を招くだろうと心配する女に対してサタンが言う,「決して死ぬことはない。それを食べると,目が開け,神のように善悪を知るものとなることを神はご存じなのだ」(『創世記』3, 4-5)。たしかに,アダムとイヴは白雪姫が毒リンゴを一口食べたときのように,即死することはなかった。だが,原罪以前にはまぬかれていた,死と破滅を彼らの肉体は知ることとなろう。たしかに,アダムとイヴは善悪を知るところとなる。ただし,このことから彼らは神のようになりはしないで,彼らに悪の可能性に目を開かせるのであり,ただちに自分たちの裸を恥じ入らせるのだ。そのときまでは,無邪気にやり過ごしてきたのに。しかも,滑稽なやり方で嘘をつかせるのだ(「あなた〔主なる神〕の足音が園の中に聞こえたので,恐ろしくなり,隠れております。わたしは裸ですから」(『創世記』3, 10)。そして,お互いに罪を相手のせいにしだす(「あなたがわたしと共にいるようにしてくださった女が,木から取って与えたのです」,「蛇がだましたのです」,(『創世記』3, 12-13)。

　神自身は蛇の言葉を確認しているかに見える——「人は我々の一人のように,善悪を知る者となった。今は,手を伸ばして命の木からも取って食べ,永遠に生きる者となるおそれがある」(『創世記』3, 22)。この神はアダムとイヴに「皮の衣」(『創世記』3, 21) を作って着せるほど優しかったが,自らの力を守るのに汲々としていると見え,それが奪われることを恐れたようである。そこで彼らをエデンの園から追放するのであり,ちょうど,バベルの塔を倒壊させたときと同じ態度をとることとなる。つまり,神は人間たちが「天まで届く塔」を建てようとしていることに気づいたとき,「降って来て見て」言われた,「彼らは一つの民で,皆一つの言葉を話しているから,このようなことをし始めた

のだ。これでは，彼らが何を企てても，妨げることはできない。我々は降って行って，直ちに彼らの言葉を混乱させ，互いの言葉が聞き分けられぬようにしてしまおう」(『創世記』11, 4-7)。

　こういう神は，プラトンの『饗宴』の中でアリストファネスが語っているゼウスのことを想起させる。ゼウスは人類を二分して，その力を減じさせ，そして人類がオリュンポス山に登れるようなことを妨げるのだ。ゼウスは嘘つきなのではなくて，創造の意図をばらすのを隠しだてしており，ここに到達されるのをほとんどナイーヴなまでに恐れているのである。あの蛇は嘘をつかずに，いつまでも騙し続け，原罪の因となり，人類全体にとってのもろもろの成り行きをもたらすわけだが，それでもこの蛇を反-神とまでは言えない。あんたらは(当面は)死なないだろう，神のように，善悪を知るであろう(ただし，あんたらは神ではないのだから，ほんとうの馬鹿みたいに悪を犯し始めるというそれだけの意味においてだが)，と言っているのだからだ。

第2章　禁断の嘘

哀れな操り人形

　イアーゴウが嘘の父のイメージを喚起するとしても，彼は言ってはならない嘘，禁断の嘘のシンボルとしてみんなから認められた人物ではない。こういう人物はピノッキオ，つまり，服従することを欲せず，成長することも欲せず，嘘つくたびごとに伸びうる鼻を持った操り人形である。コルローディのこの作品（1883年）を読み返すといろいろとちぐはぐな点が目につく。つまり，ピノッキオは正直になるのを学ぶべき子供たちすべてにとって，優れて否定的な見本であるし，大人でも正直を不可能ならしめるような嘘だらけの人生に束縛されざるを得なくしてしまう"病い"が，「ピノッキオ症候群」（Novellino, 1996）と名づけられているのである。しかしながら，ピノッキオは少しの，ごく僅かな嘘しかついてはいない。彼が猫や狐に嘘をつくのは，金貨4枚を隠すためである。仙女に嘘をつくのは，やはり同じ理由からだ。彼がまた老人に嘘をつくのは，同級生エウジェーニオを本で殴った張本人だと知った老人がピノッキオなる名前の少年の消息を求めるからである。彼の鼻が伸びるのは最後の二つの場合だけなのだ。明らかに第一の場合の嘘は，不可避な，もしくは少なくとも許容されるものと見なされるものだが，他方，第二の嘘はまったくいわれのないものである（善良な仙女に嘘をつく理由があろうか？）し，第三の嘘は見知らぬ老人に対していい格好をしようという欲求からのみ正当化されるものなのだからだ。

　だから，ピノッキオは仙女に対していつも嘘をついていると告白しているにせよ，"名うての"嘘つきのなのではない。むしろ，予想不可能なあらゆるいたずらをやり遂げる少年なのだ。彼は不従順だし，勉強しないし，悪友にくっついて行くし，いくらか嘘もつく。しかし，彼が罰せられるのはこうした歴然たる悪ふざけのせいなのだ。彼は火喰い親方から焼かれそうになったり，漁師から食べられそうになったり，猫や狐から吊るされそうになったりするし，同

じく，溺れそうになったり，飢え死にしそうになったり，凍え死にしそうになったり，等々の経験をするし，他方では，《おもちゃの国》に追放されて，「仔ロバ」に変えられるにしても，彼の度重なる嘘は恥ずかしい長っ鼻で罰せられるだけなのだ。マンガネッリ（1977年）がわれわれに供してくれている，ピノッキオの話についての新しくて模範的な読み方では，各人が操り人形であれ，火喰い親方であれ，ジェッペットじいさんであれ，酔っ払いのサクランボ親方であれ，自分自身を見て取れるのだが，どうやらプラチド（『三つの楽しみ』*Tre divertimenti*, 1990）はコルローディの作中人物をピーター・パンとか，むしろ，われわれならダン・キリーの図式に従って，「ピーター・パン・コンプレックス」にかかった人物——つまり，成長することを欲せずに，囲繞する世界や自分自身に対して，子供のままでいることを好む大人——と規定されうる者と比較することを，正当化しなかったようである。ピノッキオはむしろ，絶えず成長する見込みがあるのに，そうなることに成功しない少年なのである。なにしろ，自らの経験からいかなる教訓も引き出せないし，また，当初から人生（人の，であって，操り人形のそれではない！）に不可避的に結びついているかに見える，努力や労働に対して反抗しているからだ。

　ピノッキオはものを言う嫌なコオロギをかっとなって殺し，勉強をさぼって操り人形でいることにうんざりし，安直な金儲けや快適な生活のために自らの義務を棄てるように，とのみんなからの説得に負けるが，後で後悔し，許しを乞い，やり直ししようと目論む。したがってわれわれはみな，結局のところ操り人形が模範的な少年に変身するハッピー・エンドを知ることになる。ところで，われわれが「青い髪をした仙女」をもその中に挙げざるをえない，曖昧な人物や，残酷な行為で詰まったこの種の幼児用の教養小説（Bildungsroman）において，嘘とはいったいどうなっているのか？　嘘はステレオタイプの中のステレオタイプに特徴的なのだ。善悪の象徴どうしの葛藤，木の皮を子供に変える苦労，のうちに読者たちはとりわけ，ピノッキオが発するほとんど無邪気な小さい嘘のせいで伸びる鼻の象徴体系を優遇してきたのである。ジェッペットによって，世の中の探索に行かせられて，とうとう聖書のクジラの腹での幸せな出会いに及んで彼の信頼を裏切るとき，この操り人形の罪はもっと重くなる。だからといって，両親はびっくりしないし，むしろこう勧めたくなるのだ——「嘘をつきなさんな。さもないとピノッキオみたいに鼻が伸びるぞ！」実

際，コルローディの本の第17章の終わりで仙女も説明しているように，「ウソはね，すぐわかるものなの。なぜって，ウソにはふたとおりあって，ひとつは足が短くなるウソ。もうひとつは，鼻が長くなるの」（大岡訳，106頁）。

嘘——社会的暴力と神への冒瀆

　つまり言い換えると，嘘は即座に見つかるのである。嘘は短足だから遠くに行けないし，あるいは，鼻が長いためにすぐばれてしまうのだ。嘘つきと指される恥を逃れるために，嘘を言ってはいけない。ところで，こういう教育手段が真に根拠のあるものかどうか，自問する必要があるし，かなりの数の批評家は，子供たちに嘘を禁じるのにまさしく嘘っぽい脅しに訴えているではないか，と指摘してきたのである。風邪でも引いているのでなければ，鼻の伸びた人なぞ誰も見たことがないからだ。嘘つきの化けの皮をはぐ厄介な目印はほかにもあるし，とりわけ物語の過程で，嘘の禁止へと誘導した動機はほかにもいろいろ存在している。

　嘘の問題に関しては，ギリシャは少なくとも柔軟な態度を取ってきたし，「嘘の賛美」に関する次章においてその例をいろいろ提示するつもりである。プラトン自身もその代弁者として現われるのは，彼が嘘の技術を賢者だけがもっている能力と見なすときである。賢者は真か偽かを決定できるが，それは彼が両方を知っているからだというのである（『小ヒッピアス』，366d-368a）。オデュッセウスが嘘をつけるのは，彼が知っているからであるし，同じく『オデュッセイア』の記述によれば，アキレウスも同様なのであり，ここからして，意識的な嘘つきのほうが無知の正直者よりも優れているという，ソクラテスの逆説が生じてくる。聖書に着想を得ている著者たちははるかに遊び心が少ないし，げんにユダヤの民には『出エジプト記』（20, 16）の中で，「隣人に関して偽証してはならない」と言われていたし，『申命記』（5, 20）でも，「隣人に関して偽証してはならない」と言われていた。

　「十戒」の第八の命令は，ユダヤの民をより厳格に結びつけていた。なにしろ，それはほかの十戒同様，神の顕現の間に神とその民との間の契約を強化するために宣言されたものなのだからだ（「主は山で，火の中からあなたたちと顔と顔を合わせて語られた」〔『申命記』5, 4〕）。十戒は長老たちから「自然法」

の要約として受け入れられているものだから,人間の記憶に呼び起こされるべきなのであり,そのことはすでに西暦2世紀にリヨンのエイレナイオス〔130頃～200頃。出身は小アジア〕も,キリスト教神学の最初の体系的整理と見なしてかまわない著書の中で主張していたことなのだ。「元初から,神は人間の心の中に自然法の掟を根づかせていた。その後,神はこの掟を人間の心に呼び起こさせるだけで満足した。これが十誡だったのだ」(『偽りのグノーシスの暴露と反駁』〔通称『対異端駁論』〕,Ⅳ,15,1)。

だから因みに注記するなら,この誡めは「真実を言え」と命じているのではなくて,他人に関して「偽証するな」と命じていることになろう。したがって,見たり聞いたりしたと確信していることとは別のことを言ったり,他人に対して互いにそのことを言ったりすることも禁じられているのだ。嘘は一つの社会的行為なのであり,神は(プラトンの弟子たちに要求されていたり,あるいはストア学派の人びとにとっては不可避だったのとは反対に)真実を知ることを要求しているのではなくて,要求しているのは騙しという暴行を行うなということなのであり,ましてや,人が見たり聞いたり,あるいはとにかく知ったりしたと思っていることと,見たり聞いたり知ったりした真実との間の符合とは無関係なのである。この点に関しては,旧約聖書外典『スザンナ』に収められた話が範例となる。二人の男——図像学の伝統では「長老」とされている——がこの美人妻スザンナから拒まれたために,彼女を或る若者とのことで夫を裏切ったと非難する。ところで,彼女の唯一の罪は夫の庭園を散歩し,この庭園の扉を閉ざしてから水浴したことだった。さて,不義を犯したとされたこの妻は石打ちの刑で罰せられた。この哀れなスザンナは二人の長老に譲歩するよりも,自らの死および不名誉の危険のほうを選んだ。訴訟が終わり,スザンナが処罰を受けに向かう途中,ダニエルと呼ぶひとりの若者が予言の賜を授かったことを明かした上で,二人の長老の証言の偽りを証明することに成功し,彼らを別々に離し,彼らを互いに自家撞着に陥らせた。スザンナの名声と生命は助かり,長老たちは殺されるのだが,その前にダニエルは彼ら二人のそれぞれに言うのだった,「よいかな,なんじはなんじ自身のかしら(頭)に対して偽りたり。神のみ使いは神より宣告を受けたれば,なんじをただちに二つに切り裂かん」(55節)と。ポルフュリオス〔234-305以前。新プラトン派の哲学者〕は『キリスト者論駁』において,この例を利用して,神の矛盾——つまり,一方では偽証を厳罰に処しな

がら，他方では逆に，これから見てゆくように，それを受け入れたり優遇したりしているかに見えること——を実証しようとした。

しかしながら，最初はユダヤ人による聖書の受容，その後はキリスト教徒によるそれにおいて，騙すことはいかなる場合にも禁じられるのである——高貴な理由からであれ，卑しい理由からであれ，重要な理由からであれ，つまらぬ理由からであれ，権力の名においてであれ，自衛のためであれ，金銭のためであれ，憎悪のためであれ，競争心のためであれ，商売のためであれ，同情のためであれ，虚栄心のせいであれ，たとえ愛のためであれ（Castelfranchi/Poggi, 1988, pp. 95*ff*. に騙しを招く理由の分類がなされている）。その御言葉が真理であり，その掟が真理たる，"真の"神，「あらゆる真理の源」なる神は，意図した騙しを認めていない（『箴言』8, 7；「サムエル記下」7, 28；『ローマの信徒への手紙』3, 4）。『新約聖書』は『旧約聖書』の主張を確認し強調している。いかなる時代の懐疑派にもたいそう同情的なように見えるピラトを前にして，キリストはこう宣言している——「わたしは真理について証しをするために生まれ，そのためにこの世に来た」（『ヨハネ伝』18, 37）と。しかもその前に，使徒たちにこう要求していた——「あなたたちは，『然り，然り』『否，否』と言いなさい。それ以上のことは，悪い者から出るのである」（『マタイ伝』5, 37）。「悪魔が偽りを言うときは，その本性から言っている」のだし，悪魔こそ「偽りの父」（『ヨハネ伝』8, 44）なのである。悪魔は最初の女が陥った最初の騙しで，男たちの幸せを壊そうという目論みに成功している。つまり，アダムとイヴが善悪の木の実を食べたならば，神々のように（sicut dei）なったであろうからこそ，神は自らの力を取られまいと気配りしたのであろう。

生命と言葉をかけた誠実さ

したがってキリスト教徒は「偽りを捨て」，「悪意，偽り，偽善，ねたみ，悪口をみな」捨てなくてはならないのである（『エフェソの信徒への手紙』4, 25；『ペトロの手紙』2, 1）。このメッセージはキリスト教徒たちの敵対者によっても受け入れられた。たとえば，プラトン主義者ケルソスは2世紀に，「騙しや嘘はいかなる場合にも悪である」（『真の論述』，IV, 18）と主張している。だが，この哲学者がここで用いている議論は，神は変化できないし，したがって，肉

体を帯びたり，人の性質を有することも不可能なのだから，化身は人の心に神が生じさせた印象であり，偽りの所産であるのかもしれないし，しかも，騙しは悪であって，神には似つかわしくない以上，化身は考えられないことだ，と言うためなのである。さらに，こうも付言しておかねばならない。つまり，師匠プラトンに従い，ケルソスは狂人とか錯乱者，あるいは敵に対してなら——ただし，ただ危険を免れるためにのみ——嘘も許されると考えているのだ。ところが前章でも述べたように，教父たち，とりわけアウグスティヌスは，こういう可能性も拒んでいるのである。

キリスト教徒は常にどうあろうとも，キリストがピラトの前でしたように，真実を証言しなくてはいけないのだ。たんに言葉によるだけでなく，とりわけ行為および全生命をもって。ここからして，キリスト教徒として隠してはならないという義務や，ほかに選択法が不可能ならば，生命を断念しなければならないという義務が生じてくる。アウグスティヌスの著書『嘘への論駁』(Contra mendacium)においてほとんど滑稽に思われる第一の論点，それはプリスキリアヌス派〔4、5世紀頃にスペインで発生した異端。グノーシス的要素とマニ教的要素を併せもっている〕という，数多の異端の一つに属する信者たちを改宗させる目的で，異端者の振りをすることが許されるかどうかという質問に答えている箇所である。これが悲劇的なくらいに現実性を帯びているのは，第一，第二，第三のわれわれの文明世界の数多くの国々での，あれこれの宗教に属する人びとに対して不寛容を評価しているからだ。

第二の論点は，殉教の義務の絶対性に関する論争を切り開いている。つまり，死を探し求めるでないという教父たちの忠告や，異端放棄した後でキリスト教社会に新たに受け入れられうる可能性（4世紀のドナティウスの信徒たちのような厳格主義者たちは，誤った(lapsi)司祭たち，つまり，迫害の過程で反逆に"陥り"，それから悔い改めた司祭たちの行う秘跡を，もはや有効とは見なさなかったから，そういう可能性を認めていなかったのだ）によって，上の義務は緩和されていたのだった。

だがとりわけ言葉によって真実は傷つけられうるし，また動詞「傷つける」はすでに初期キリスト教徒たちによっても，ごく最近のカトリック要理によっても用いられているが，このことは，いかに侵害対象が真理の"美徳"であると同時に，真理の"位格"（つまり，三位一体の第二の位格たる御言葉〔キリスト〕）でもあるかということを分からせてくれる。キリスト（御言葉）は自

らが真理である，と言ったのである（「わたしは道であり，真理であり，命である」『ヨハネ伝』14, 6）。そして，「わたしは自分勝手に来たのではない。わたしをお遣わしになった方は真実であるが，あなたたちはその方を知らない」（『ヨハネ伝』7, 28）。キリストのうちに，神の真理は完全に表わされたのだ。つまり，「恵みと真理とに満ちていた」（『ヨハネ伝』1, 14）。キリストは，「世の光」（『ヨハネ伝』8, 12）であるし，彼を信ずる者は「だれも暗闇の中に」（『ヨハネ伝』12, 46）はいない。だから，イエスのこの使徒は彼のみ言葉に忠実に従って，自由にしてくれる（『ヨハネ伝』8, 32）とともに，聖なる者としてくれる（『ヨハネ伝』17, 17）真理を知ろうとするのである。イエスに従うことは，「真理の霊」（『ヨハネ伝』14, 17）の中に生きることなのであり，父はその御名においてこの真理の霊を送り，「ことごとく真理」（『ヨハネ伝』16, 13）を悟らせる。父に従うことは，行動においても言葉においても「主を証しにすること」（『テモテへの手紙二』1, 8）を恥じないことを意味する。つまり，す早く殉教するという最高の証しをし，そして真実を「害する」かも知れぬようなことを何も言わないこと，を意味する。この最後の場合には，嘘だけが含まれるわけではない。実際，言葉で犯されうる罪は伝統的に数多いのである——偽証，誓約違反，軽率な判断，悪口，中傷，さらにはまた，お世辞，追従，空威張り，傲慢から，秘密破りに至るまで。

　秘密は嘘——つまり，真実隠し——の特殊な場合なのではない。なにしろ旧約聖書（『ベン＝シラの知恵』27, 16；『箴言』25, 9-10）でも読めるように，真実を知る権利のない者には誰も真実を明かすべきではないからである。そうなると，無数の未解決の問題群が現われてくる。聴罪司祭が打ち明けられた罪をばらすよりも，むしろ死ぬことを彼に課している"秘跡"の秘密を理解したり，受け入れたりするのは難しくはないし，誰でもアルフレッド・ヒッチコックの映画『沈黙の掟』の中で，素晴らしいモンゴメリーが，告解室での秘密として彼に訴えてきた，真の犯人の名をばらすよりも，暗殺者として嫌疑をかけられるほうを受け入れているのを想起するであろう。「職業上の」秘密の領域はもっと複雑になるし，（第4章においてより詳しく見ることになろうが）ジャーナリストの職業に関してや，また，医者，法律家，政治家一般に関しても，これはホットな論争の中心になっている。最後に，当人にはその権利がないのに，或る真実を知ろうとする者から，いかにして自己防衛するか？　人類全体の真

実に対しては絶対の権利があると主張する人びと（グローチウスとカント）もいるが，反対に，攻撃者に対する武器としての嘘を認可するために，正当な防衛を引き合いに出そうをする人びと（ショーペンハウアーや，若干の新トマス学徒）も存在する。だが，中世に戻るために，われわれとしては嘘が御言葉〔キリスト〕への唯一の"罪"の形ではないことを指摘するに留めておく。

　カーサグランデ／ヴェッキオが『言語の罪』（*I peccati della lingua*, 1981, pp. 251*ff.*）において指摘したように，嘘(mendacium)，偽誓(perjūrium)，偽証(falsum testimonium)の三位一体は，歴史の流れの中で切り離し難いものであって，これらは聖書に始まり，教父を経て，中世全体に及んでいる。虚言の罪はカッシアーヌス(360-435)によっても大グレゴリウス(Gregorius Magnus, 540頃-604)によっても，七つの大罪の一つ，貪欲の中に位置づけられているし，トマスもその『悪に関して論じられた諸問題』(1269-1270)の中で，大グレゴリウスにより『ヨブ記についての倫理的解釈』（*Moralia in Job*）の中ですでに目録化された貪欲の七つの娘――「裏切り，詐欺，虚偽，偽誓，心配，暴力，慈悲に対しての頑ななこころ」(q. 13, a. 3)――を再び採り上げている。これらは自分のために固有財を所有しようとする過剰な欲求や，他人の財を占有しようとする欲求から生じる。この最後の場合には，ときには暴力や，ときには狡猾さに訴えざるを得なくなるし，そうなると，虚偽や，偽誓や欺瞞も出てくるであろう。「だが，ごまかしが行動をもって犯されるとしたら，欺瞞は事柄にかかわってくるし，裏切りは，貪欲さからキリストへの裏切者となったユダにおいて明白なように，人間にかかわってくる」。だが，ユダは本当にお金のために裏切ったのか？　それを知るデーターはないが，この事例は疑いもなく説得的だ。なにしろ，中世のキリスト教徒で，ユダを「嘘の父」〔悪魔〕の完全な体現としてなおも再認しない者はいなかったからである。

　嘘に関しての中世文学は数限りないが，しかしすでに論じたアウグスティヌスのテーマ――そのうちでも，真の知識としてではなくて，神の"御名"として解された真理という中心的な神学――から外れることは稀である。実際，ルドルフ・アルデンテ，ペトルス・ロンバルドゥス，ヘイルズのアレクサンデル，ラ・ロシェルのジャンが教父たちとは違っているといっても，それはただ嘘の手段に対する態度の相違のせいに過ぎないのである。アンブロシウスはたしかに仕事によりなされた偽善(simulatio)を，言葉で表わされた嘘(mendacium)

と区別し，若干の"偽善"を許されるものと規定していた。上に引用した二人の著者の見解はそうではないし，前章でも見たように，アウグスティヌスや，偽善を「外的なしるしによって表された嘘」(『神学大全』II, IIae, q. 111, a. 1)と規定しているトマスの見解もそうではない。

すべての嘘が極めて深刻とは限らない

　中世の論争においては，嘘の問題への別の解決策も，アウグスティヌスの立場に近いことが分かる。嘘はいつも禁じられている（ペトルス・ロンバルドゥス，グラティアヌス，スーサのヨハネ）し，聖史の中に現われる嘘は否定的行為の例として挙げられており，したがって，聖書物語の中でも罰せられているか，もしくはほかの何かの"例証"として読まれなくてはならないのである。これらは実際に生起した事実なのであり，したがって，聖なる著者は嘘つきではないのである。したがって，人はこれらを道徳的な事例と解釈すべきではなくて，むしろ寓意として解すべきなのである（大グレゴリウスの『倫理的解釈』Moralia, XVIII, 3, 7を参照）。もっとも解決し難いケースとして想起されるものは，（母親と共犯で，父親イサクの前で兄エサウを装い，父から祝福を受ける）ヤコブのごまかし，エジプトの産婆たち（いかなるユダヤの男子の出産にも立ち会わなかったと言明し，このために神から祝福され報われる）の嘘。（キリスト教の伝統上の三位一体を象徴している三天使の前で，将来妊娠すると聞いて笑ったことを否定する老婆）サラの嘘。その他，ヨセフ（エジプトで，兄たちに身分を隠す）から，ペテロ（ユダヤ化したキリスト教徒たちと一緒に活動するユダヤ人として振舞ったり，改宗した異教徒たち〔ローマ人〕と一緒に古い掟から解放されたキリスト教徒として振舞い，このために，パウロから非難される）に至るまで，のケースが想起されよう。

　嘘の深刻さに関しては，アウグスティヌスの分類は依然として有効なのであって，ペトスル・ロンバルドゥスの三区分（冗談のための嘘，有用な，または良い目的のための嘘，純粋に悪意のある嘘）はアウグスティヌスの分類の総合なのである。興味深いことに，あまり教養のない聴罪司祭を助けるためには，『聴罪司祭たち』という，彼ら用の手引書が存在するのだ。この書はアウグスティヌスが掲げた八種の嘘と並んで，深刻さの順序に従い，ありとあらゆる罪

のリストが付いているのだが，そこには異端者，嫉妬者，商人，純粋の嘘つき，道化師，偶像崇拝者，信奉者といったような，代表的な範疇への言及も見られる。また，上の三区分——動機に基づいて嘘を認識するのを助けてくれる図式——には，虚栄，誤謬，悪意が収められている。この論争に火がついたのは，「悪しき目的の」嘘（mendacium perniciosum）に比べて，有用な，「良い目的の」嘘や，「冗談半分の」嘘といった，明らかに深刻度の低いものに関してというよりも，むしろ後の二つの嘘が許容されるかもしれないような場合に関してなのである。完全を目指す人がつく，いかなる嘘をも致命的な罪と見なす厳格なボナヴェントゥラの主張を緩和しているのは，ペニャフォルトのライモンド（『悔悛大全』Samma de poenitentia）であって，彼は"完全な人びと"に対して，直接的質問にぶつかったとき明白な嘘を回避するための三つの方法を示唆している。つまり，第一は沈黙であり，これは周知のように，尋ねられたことへの確認と取られることがしばしばある。第二は，あたかも質問が分からないかのように，「本題から外れた」答えをすることである。第三は曖昧な用語を使うことにより，さも真面目になされているかのような答えをしながらも，実際には欺くことを目的としている場合である。これは「完全な人びと」にしか勧められるべきではないとはいえ，「内心のためらい」に似たものである。ただしここでは，13世紀のことを取り挙げているのである。

　さらに，嘘はいつも，はるかに重大な罪たる偽誓と結びつけられてきている。なにしろ，それは神を偽りの証人と呼ぶことにより，直接神に背くことになるからだ。思い違いしないように言っておくと，誓いを禁じている福音書の言葉（「あなたがたも聞いているとおり，昔の人は，『偽りの誓いを立てるな。主に対して誓ったことは，必ず果たせ』と命じられている。しかし，わたしは言っておく。一切誓いを立ててはならない。天にかけて誓ってはならない。そこは神の玉座である。地にかけて誓ってはならない。そこは神の足台である。エルサレムにかけて誓ってはならない。そこは大王の都である。また，あなたの頭にかけて誓ってはならない。髪の毛一本すら，あなたは白くも黒くもできないからである」〔『マタイ伝』5, 33-36〕）はしたがって，ベネディクトゥスの僧たちによって，ちょうどヴァルド派，カタリ派，パターリ派，ネストリウス派の人びとによるのと同じく，文字通りに解釈されていたのである。これらの異端派の運動は，それぞれのやり方で，聖書を厳密に文字通りに解釈したり，厳格

主義に傾いていたりしたのである。

　他方、偽誓なるテーマは具体的な場合にほとんどいつもぶつかったし、それもおそらくはむしろ少なくとも理論的にこれらを解釈するためだったのであろう。家長が召使い、妻、子供たち、執事に対して誓いを強いることはよくあったのだが、問題はこの場合誰が偽誓者だったのかを知ることである。犠牲者たちだけなのか？　それとも、彼らとともに、良心に基づいて、かつ責め苦を恐れて、保証を得る目的で誓うように彼らに強要していた人びとも？　われわれとしては、たぶんいかなる疑念もないであろう。つまり、家長だけが召使い、息子に偽誓者として強要し、彼らから完全に理解したり欲したりする自由を奪っていたのである。しかも、中世人は良心や自由の度合がどうあれ、あらゆる場合に犯された罪の客観性から逃れることはできなかったし、飢えや貧窮といったものを和らげる状況の恩恵に貧乏人なり部下なりを浴させることで満足しなければならなかった。こういう状況は絶対に金持ちや権力者には認められ得なかったのであり、彼らが嘘をつくことは聖書によってはっきりと糾弾されているのである。「されどわが魂は三種の人を忌みきらう、我は彼らの生活に大いなる怒りを覚ゆ。すなわち誇り高ぶりて物請う人、偽り者なる富める人、また悟りなき姦淫をなす老人これなり」（『ベン＝シラの知恵』25, 2）。

　そして、金持ちが許されない一方では、異端者、商人、弁護士もろとも、嘘つきであるという非難からも逃れ難いであろう (Casagrande, Vecchio, 1987, pp. 264-265, 282)。商人や弁護士は「職業上」嘘をつき、しばしば偽誓に訴えざるを得ない。したがって、偽誓は冒瀆の罪と同様の重大な欠陥であるが、また社会的不公正の源であると見なす著者たちがいても不思議はない。したがって、一面では、偽りを証言するために神に救いを求める者には、ちょうど冒瀆者に病気、堕落、急死、劫罰（ごうばつ）が振りかかるのと同じく、一時的もしくは永劫の罰が予告されているのである。他面では、許されざる誓いの災いに対しては、世俗の権威が介在するように促されるのである。ブロムヤールのような著者は、正義の名においてこういう災いに対して介入する義務を有する君主たちのモデルとして、冒瀆者・偽誓者への残酷な迫害を行った二人の大王ネブカドネザルと聖王ルイを挙げている。実際、国王ルイ9世 (1214-1270) は自らは決して誓わないと約束していたらしいが、他方、フィリップ2世 (オギュスト, 1165-1223) のほうは誓いに反した軍事行動をしたことにされているのである。

嘘は意図の増大を救う

　中世の著者たちの間で,ますますよりはっきりと現われてくるのは,あらゆる形の嘘の社会的効果である。洗礼の価値に関する論争では,それがたとえば,異端者とか無資格の司祭によって行われるならば,「意図的な意義」を「慣習的な」意義と区別することになる。したがって,アルベルトゥス・マグヌスによれば(厳格主義者ボナヴェントゥラとは違って)秘跡の書式の言明は,洗礼を行う者に要求される意図の,必要かつ十分な顕現なのである。したがって,ある異端者が被洗礼者の両親と被洗礼者本人を騙そうと意図しているとしたら,居合わせた人びとの意図だけで,異端者が無効にしたと考えていた秘跡でも,これを有効にすることは十分ということになろう。なぜなら周知のように,洗礼を有効にする唯一の条件は,それがカトリック教会の「意図に即して」なされるということだからだ。アウグスティヌスにおいて明白に無効にする意志 (voluntas fallendi) のあった「意図」は,少しずつ倍加され,三倍にすらされるようになるのだ。すなわち,話す人には二重の意図があり,秘跡を「なす」正確な言葉を発しながらも秘跡を無効にしようと目論んでいるのだ。言葉の意図 (intentio verbi) と言明すべき意図 (intentio enuntiandi) に加えて,三番目に,言葉を慣用や慣習に従って理解している社会の意図が加わるのである (Rosier, 1995)。より一般的な意味で,しかも洗礼の場合を無視すれば,話す人の責任は,良心(いわゆる良心の「法廷」)に関してと,これを聴く人に関してとに二分される。神は第一および第二の局面の判事であるが,しかし,前者の場合には宗教上の罪が存在するし,後者の場合には宗教上の罪のほかに法律上の罪も存在する。なにしろ,話す人が真に言明するのは,彼が考えていることだということは,暗黙に決まっているからだ。もっとも,トマスの主張によれば,ある約束をするとか,何かをまさにしようとしていると言明する人は誰でも,「服従するものと見なされている命令を自分自身に課すようなものである」(『神学大全』 Summa theologiae, II, IIae, q. 88, a. 1 ; q. 90, a. 1) のだが。

　現代人なら煩瑣で重々しく,ときにはかなり退屈な中世のさまざまな《大全》(Summae) の中に述べられてはいても論じられてはいないのが分かるであろうが,いわゆる「対話方式の格言」への違反の場合は,あまり多くない。

これら中世の《大全》は法学，言語哲学，コミュニケーションの社会学を研究する者にとっては今なお有用な遺産となっている。だが結論として，中世人のコミュニケーションにおける意図性の洗練された下位区分に関しては，有名なイズー（イゾルデ）の裏切りの一例だけで十分かも知れない。それはワーグナーの女主人公のことではなくて，ベルール，トーマ，ゴットフリート・フォン・シュトラースブルクが賛美した恋する女性のことである。マルク王に嫁しながらも，彼女はトリスタンを愛し，この相思相愛を救うため，しばしば嘘をつかざるを得なくなる。もっともよく知られた嘘は，彼女が夫と浅瀬を渡らせてもらうために彼女を肩車して運んだ"ハンセン病患者"の男以外には，誰も自分の「両脚の間に」入れたことはない，と宮廷のみんなの前で彼女が宣言する場合である。もちろん，このハンセン病患者は，病気の乞食に変身したトリスタンにほかならないのだが，イズーは救われるのであり，しかも逆説的なことに，神の前でも救われるのである。つまり，「親切なキリスト」が，イズーが試罪法なる野蛮なやり方に従って，試練にかけられたとき，彼女を無傷のままにしておいた，すなわち，彼女が摑むことを強要された赤熱の鉄の金具によって両手が焼けるのを防いだのである。

　詩作品は神学よりも，神に"思いやり"を帰属させる傾向があるし，この思いやりは自由恋愛や策略への敬意なのである。もちろん，ゴットフリート・フォン・シュトラースブルクの本文の中に，罪の主体性なるアベラルドゥスのテーゼ——罪の実体と重さは，犯罪事実ではなくて，その意図にかかっているとなすもの——の応用を賢明にも読み取った人 (Fumagalli Beonio Brocchieri, 1987, pp. 30ff.) もいるにせよ，この詩的テクストが，数十年以前の著書『倫理学，または汝自身を知れ』に依存しているのかどうかはあまり明白ではないようである。第一に，イズーの意図はまさしく騙すことにある。第二に，無私の愛や感情の自由は，われわれにはたいそう親しいテーマだし，中世人たちが実践し，歌い，描き，刺繍してきたものである（パリの『一角獣を連れた貴婦人』を参照）が，このテーマが理性的に支持されたことは決してなかったのである。

　それに引き換え，興味深いことには，12世紀のこの詩作品の中には，まだ重畳されているあらゆる層が存在しているのが見て取れるのだ。つまり，イズーは意識的に嘘をついているし，神の前で嘘をついても赦されているし，夫の前で嘘をついているし，宮廷のすべての人たちの前でも嘘をついている。彼女は

宗教上の罪や法律上の罪を犯すのだが，当代の神学者たちの神というよりも機械仕掛けの神 (deus ex machina) に近いように思われる神は，あらゆる悪行の痕跡を抹消している。こういう事態も，良心と共同体との区別，内的"法廷"と外的"法廷"との区別，神またはこれを代表する者の役割と，世俗的権威の役割との区別の必要性が，だんだんと自覚されてゆくにつれて，そのようには進めなくなるであろう。

嘘にとってのほかの敵たち

　近代のいろいろの著者たちも嘘を厳禁することになる。彼らのうちでも特に想起すべきはフーゴー・グローチウス，つまり，フィヒ・ファン・フロート (1583-1645) というオランダのヒューマニスト（近代自然法学の創始者と見なされている）である。グローチウスによれば，嘘はいついかなる場合にも認識への権利——「言葉や記号が振り向けられた相手の恒久的・実存的権利」——を侵害するという。著書『戦争と平和の法へのプロレゴーメナ』(1621年) の中で語られている「真実への相互の義務」では，嘘を許し難いものとされている。なぜなら，嘘は他人の権利と衝突するし，したがって，正義の原理を侵害するからである。しかもグローチウスに言わせれば，嘘が弘まると，言語は意味をなくすことになる。「あたかも暗黙の合意により，話し手たちは話しかけられる人びとに対して契約を結んでいるかのようである。このような義務がなければ，言語の発明は目標をなくしてしまうであろう」。

　モンテーニュも同見解だったし，これはスウィフトやそのフゥイナム（「馬の国」の馬）の考え方でもあるように思われるし，最近ではメイナード・スミス (Maynard Smith, 1982) やソロモン (Solomon, 1993) も踏襲している。つまり，みんなが嘘をつくか，またはかなり頻繁に嘘をつくとしたら，そのときには言語はもはや伝達目標に到達しなくなろう，というのだ。だが，こういう結論が出発点にしている前提は，嘘つきはほんとうに偽りを主張しているが，真面目な人は他人に真実を伝える，ということである。ところが既述したように，嘘は騙そうという意図に基づいているのであり，内容の真正さとは無縁なのである。

　同じく，すでに強調したように，嘘をつくためには，理解し合うのに役立っ

ている慣習に従わなくてはならないのだ。ドストエフスキーのおかしな人物は嘘をつけないし，ハンプティーダンプティー（「マザーグース」中の卵）も嘘をつけないが，それは「嘘つきはたとえ孤独である振りをしても——彼は嘘をついているのではないか？——，孤独ではないし，あり得ないのであって，むしろ，彼は一社会人の明白かつ妄想的な原型である」(Garroni, 1994, p. 24) からなのだ。それだからこそ，嘘つきは絶えず（「真面目な」イアーゴウのように）確言する必要があるのであり，もしも嘘をついていると非難されたならば，エネルギッシュに自己防衛するのである。こういうことは，誠実な人間なら，もっと落ち着いて，やるか否かを決定できるであろう。

　だから，グローチウスや，彼とともに他の人びとも，言葉と文を共通の文法や語彙に即して使用するという暗黙の契約と，真実を言い，騙さないという慣習とを混同しているのである。ジャコモーネの王国での問題は，それまで"紳士"だった者を"海賊"と呼ぶことにあったのではなくて，厳格な外延体系にあったのだ。実際，共同体が"海賊"の新しい定義に合意すれば，話し手たちは互いに理解し合ったり，褒め合ったりして，こう主張できるはずなのだ——「あなたはほんとうに真面目で優しい，立派な海賊です」と。だがロダーリの「うそつき国」では，住民たちは慣れ親しんできたすべての慣習を変えることには成功しなかったし，だから，"犬"（猫）のニャオニャオだけで，王–海賊の組織を転覆させるのには十分だったのである。

　したがって，言語に基づく過度の嘘が行き着く先は，そこから派生する無意味な状況というよりも，むしろ言語の無効さなのである（そしてこの点では，フウイナムの馬たちは正しいのである）。なにしろ，過度の嘘は話し手が（実際に真実かどうかには関係なく）真実と見なすことを語るための暗黙の慣習への信頼を失墜させるからだ。「狼だ！　狼だ！」と叫ぶ少年の有名な話は，まさしくこの教訓を孕んでいる。つまり，しばしば嘘をつく者は，たとえ真面目になったときでさえ，もはや信じられなくなるし，そして，久しいこの方，たとえ最初のやりとりでは信じられても，その後ですぐに嘘とばれてしまってから，もう信じられなくなった人物5人をすぐ列挙することなら，誰にもできるであろう。

　名うての嘘つきは，喋るときに理解されても，信じられはしない。ことばがもはや知識供給の性格を失ってしまっているからだ。しかし，彼が嘘つきとし

て知られていないとしても,やはり彼はことばの使用を無効にすることになるのだが,騙しの目的を達するし,したがって,攻撃的行為を成就することにより,他人に損害を意識的に挑発したり,後者が利益や権利を享受している知識を,彼らから奪ったりすることになる。この意味では,ホッブズ (1588-1679) が『リヴァイアサン』(1651年) の中で,「ことばは人をより良くしなくて,より強力にする」と主張しているのは正しいのである。

カントも嘘は社会全体にとって破滅——社会の根底そのものにとっての破滅——となるだろうと主張しているが,これとても同じ方向に位置づけられるのである。このケーニヒスベルクの哲学者の主張によれば,「真実は個人がいかなる他人に対しても負っている断固たる義務である」のだから,私が嘘をつくときには「私は,もろもろの言明にもはや総じて信用がなされなくなり,その結果,契約に基づいて打ち立てられたあらゆる権利が根拠をなくし,その力を失うことになるという事実の,原因なのである。そしてこのことは,人類全体に損失を及ぼす犯罪なのである」(『人類のために嘘をつく,いわゆる権利について』1797年)。

カントの厳格さ

カントの立場は厳密な意味では盲目的かつ厳格主義的などころではない。実際,嘘のテーマに関する著作集 (タリアピエトラ編,1996年) が取り組んでいるのは,広大な考察や良心問題の広範な決疑法〔倫理の一般的原則(規範)を個別の事例にいかに適用するか,という倫理学の応用部門〕を含む議論なのだが,結論は揺るがない——嘘は決して許されない,というのである。古代人たちによって容認されてきたし,その後はグローチウス (彼は「良い目的の」嘘 *mendacium officiosum*, 幼児,狂人,馬鹿,つまり理解力のない者に語られる嘘,(姑に聞かれたがっている嫁のように) 私的な会話を盗み聴きする第三者を騙して,その無遠慮さを罰しようとの意図で語られる嘘,そして最後に,詐欺そのものの共犯者,つまり,騙されることを望んでいる者になされる詐欺行為を容認可能で,勧められるものと見なしている) によっても認められたような場合ですら,嘘は厳禁なのだ。上の最後の場合は,芸術的偽装という大テーマ (第5章において論じる予定) や,病気の名称について知り「たがらない」病人の悲劇的なテーマ——婚約者の染めた髪の毛や,シャネ

ルで紅くした唇に騙されるといった，日常の楽しみも同じ——に入り込むことになる。グローチウスはこういう類いの嘘を容認していたのだが，カントは否なのだ。「嘘つきは社会を破壊する」し，「他人との会話からいかなる益をも引き出すのを人びとに妨げる」。

　このことの意味は（カントの『他人に対する倫理的義務について。真実性』に従えば），各人は絶対的に透明な姿を他人に見せるべきだというのではない。われわれの心は透明ではない（これはアウグスティヌスも力説していたことである。つまり，人は心の視察者 inspector cordis ではないのだから，コミュニケーションがひどく難しいのだ！）し，細心さと慎重さは常に美徳なのである。かてて加えて，すべての偽りが嘘というわけでなく，「そうなるのは，他人に伝えようとしているのは，心の中にあることなのだとはっきり明言する場合だけである」（したがって，ほんとうはリミニ出身者なのに，山岳地帯の唄を歌ったり，あるいはジュリエットとかマクベスの役を演じたりしても，嘘つきにはならない）。ただし，嘘をつくと，そのときには決して許されない何かをすることになるのである。なぜかと言えば，私が嘘をついている相手が真実（もちろん，私が自分では真実と見なしているもの）に値しない人物だとしても，彼に嘘をつくということにより，私は彼に不正を犯すだけではなくて，「人類」全体「の権利に逆らって」行動することになるであろう。実際，「必要な嘘」の場合だけを受け入れても，それでも，倫理の建物はことごとく瓦解するであろうし，その結果，泥棒，詐欺，暗殺に「不可欠」なものとして活動の場を与えることになろう。イマヌエル・カントに迷いはないし，彼の叫びは仮借のないものであるし，このレヴェルでは，「道徳律はもはや安全ではない」のだ！

　したがって，誰をも侵害しない嘘であっても許されはしないし，嘘つきは「卑怯」者だし，「固有の品位を失う」。"善良な"という形容詞に値しうる唯一のものとして，「善意」，内面性の道徳を支持する者が，その判断においてはかくも潔白だということはありうるのだろうか？　然り。なぜなら，「われわれは内的道徳性を判断にかけることはできないからであり，いかなる人もそれを知ることはできないし」，また「外的観点からの評価においては，われわれは有能な判事である」からだ。

　そして外部からなら，われわれはわれわれに見えることを或る主体の真実ら

しさとして立証できる。バンジャマン・コンスタン（『政治的反応について』*Des réactions politiques,* 1797）への返事の中で，カントは真実と真実らしさとの相違を驚くべき厳密さをもって明らかにしている。すなわち，コンスタンが「真実を言うのは一つの義務だが，それはただ真実への権利を有する者に関してだけだ」と主張したのに対して，カントはこう言い返しているのだ，「とりわけ，《真実への権利を有する》という表現は意味がない」，なにしろ，人はいかなる場合であれ，真実らしさへの，つまり，固有人格と結びついた主体的真実への権利を有するからである。真実への権利を客観的に有するということは，ある命題の真偽を，いかなる論理にも反して，個別の意志に依存させることになろう。しかも，真実らしさは「みんなに対しての人の断固たる義務なのである——たとえそれが自分または他人にとって大きな不都合の源であるにしても」。

　要するに，真実を言うのは，それを聞く権利を多かれ少なかれ有しうる個々人に向けてなのではなく，人類全体に向けての「無条件の義務」なのである。そして，この義務がごく小さな例外を含むべきだとしたら，倫理全体を破滅に導くであろうし，すべての規律を無効ならしめるであろうし，これによって，共同社会の建設や発展が妨げられるであろう。論旨は緻密だし，カントのもう一冊の小さい著作『欺瞞と錯覚』（1777年）——詩の正当な錯覚に騙されることの合法性と美について——を読むと，嘘に関する限り，倫理的な，ただ倫理的な厳しさが確証されるばかりである。人の他人への信頼の根底を侵害する罪があるがゆえに，嘘は人類に対する犯罪なのだからである。さらにカントに言わせれば，断固たる義務に関しては，私の前にいる人物が，乱暴して殺そうと思っている幼児を私が家の中に隠しているかどうかを知りたがっているということは重要ではない。私が嘘をつけないのは，私の言葉で人類全体を損なわないためであるし，また，許されることと許されざることをもはや区別できなくするような先例をつくりださないためなのだ，というのである。

正当防衛？

　コンスタンはまさしくこういう問題を持ち出していたのである（暗殺者がその犠牲者のことを聞き出すという問題。アウグスティヌスの『嘘について』*De mendacio*の中にすでに出てくるが，実は聖書〔『創世記』19, 10-11〕にあるロ

トの客である二人の天使の挿話に関連した，乱暴者の問題）が，正当防衛の問題の内部で嘘を初めて考察することになるのは，アルチュール・ショーペンハウアーなのである。ナイフやピストルの使用は，道徳上は忌まわしいが，正当防衛からはまさしくそれも合法的となる。そして，その視座からは，嘘は暴力というよりも，術策の武器となり得よう。「どんな類いの強盗や不法者」も，「策略によって罠に引き寄せられうる」し，「暴力で強要された約束は義務を負わない」（中世の人びとによく考えさせてきた偽誓のことを想起しよう……）。そして，嘘そのものは「正当化されない，その動機がしばしば好意的ではない詮索癖に対抗する正当防衛なのである」，と『道徳の基礎』（1840年）の中には出ている。ショーペンハウアーは人間嫌いのせいで，師匠カントをもためらいなく道徳主義と決めつけているし，他人の意図へのこういう不信にもそれは反映している。医者にとって嘘をつくのは許されるし，むしろ義務なのだ（なぜだかはよく分からないが）。他人の罪を背負う人の雅量のある嘘は正当だし，とりわけ，私的な事柄や他人の問題に首を突っ込む人の不躾な好奇心から自己防衛するのは正当である，「なにしろ，他人の悪意はたいそう拡がり得るものと私はここで考えざるを得ないし，これに対して私は必要な予防策を講じざるを得ないからである」。

　もしも私が家を守るために猛犬を庭の中に放すとすれば，もしも私が囲い壁の上にとがった刃先を張りめぐらすとすれば，もしもわたしが自動火器や落とし罠を設けるとすれば（これらはみなショーペンハウアー自身が挙げている例である），「君にそんなことは言いたくない」と答えただけでは満足しそうにない誰かに対して，どうして私が嘘をもって答えられないわけがあろうか？

　それほど疑い深くはなくとも，ショーペンハウアーの提案に対して無関心ではおれまい。カントの純真な立場は，フィヒテや，モンテスキュー（シャルル＝ルイ・ド・スゴンダ）の『誠実賛美』（*Éloge de la sinsérité*, 1749）や，ラ・ロシュフコー（フランソア・ド・ラ・ロシュフコー，1613-1680）の人間の二枚舌に関する『箴言集』によって踏襲されたし，こういう立場に誘惑されずにはおれないにせよ，それでもわれわれは行動規範として，いかなる犠牲を払ってでも，誰に対してでも，どんな真実らしさであれ，それを要請することを受け入れるまでには至っていない。最近，若干の道徳哲学者から提案された解決策も興味がなくはない。彼らはショーペンハウアーの提案を掘り下げることにより，

トマス・アクイナスが表明したような正当防衛の概念や，中世の伝統に立った嘘（mendacium）の定義に回帰しているのである（Millán-Puelles, 1997）。

すでに見てきたように，アウグスティヌスによれば，人が嘘をつくのは「騙す意図」があるときであり，そして，善人はたとえ真実を隠すべをときとして知る必要があるにせよ，決して嘘をついたりはしないという。トマスはいかなる嘘も許されないと規定している点でもっと明白なのだが，ただし嘘（mendacium）の本質が何かということを正確に述べてはいない。嘘は騙す意図によってばかりでなく，傷つけようとする意図によっても（*voluntas fallendi*と*voluntas nocendi*との結合）永続されるようである。「良い目的」の嘘や冗談は深刻度が軽いのか，それとも許されさえするのか，といったことは，ここに端を発している。

したがって，本質的に悪いのは，真でないと見なされないことを言うことでも，嘘でもないのであって，嘘を介して悪をなそうとする意図や，本来の意味での虚偽なのである。ところで，トマスが取り上げた，結果的加重犯の場合を正当防衛による殺人の正当化として，ここで適用することができるだろうか？（『神学大全』*Summa theologiae*, II, IIae, q. 64, a. 7）否，いわんや人殺しに対しては否である。自分の生命を救うためとて，私は攻撃者を負傷状態に陥らせたくはないし，また，彼を半死または完全死の状態にしておく可能性にこだわっているのでもない。また，乱暴者が私の物置に彼の追跡している幼児が隠されているのではないかと訊かれたとしたら，私は嘘をついて，彼を罠に陥らせたり，彼がそれ以上私の主張を確かめるのを止めさせたいと望むであろう。もっとも，アウグスティヌスが示唆した沈黙を守るとか，プライヴァシーを守るのには不十分だ，とすでにショーペンハウアーが見なしていた「君にそんなことは言いたくない」と答えたのでは，かの乱暴者が私を荒々しく引き離したり，家を徹底的に調べたりする結果になりかねないが。ドレウァーマン（Drewermann, 1984, pp. 428-429）はこの点に関して，個別知識の一般化たる，ユダヤ教律法学者の世界の「最小から最大への結論」（kalwakhomer）を引用しながらも，逆に，「最大から最小への結論」を望んでおり，この結論からすると，「ピストルを認めておいて，嘘を拒絶したり」，身体的暴力を受け入れておいて，正当防衛としての鋭い策略を受け入れないというのは「不条理に見える」，という。

他の人びとは武器としての嘘を受け入れている。なにしろ，「傷つけようと

する意図」はその「最終の本来の目的」ではないし，それが欺こうとしているとしても，別の目的からに過ぎないであろうからだ。こういう言葉を聞けば，カントなら憤激して遠去かってしまっているであろう。後で他のもろもろの悪行をすべて糾弾するような可能性をなくするためには，一つの悪行（そして嘘はいつも悪行なのだ。なにしろ，個々の悪人ならそうでもないにせよ，人類は常に真実を要求するものだからである）を正当化するだけで十分だということは，読者諸賢に十分理解されたはずである。アウグスティヌスやボナヴェントゥラならば（とりわけ），真理の聖なるペルソナ（ロゴス）に対する冒瀆を引き合いに出して，それからおそらく，嘘つきをこっそりと赦免したであろう。

　われわれとしては，常にいかなる場合にも有効な道徳的規範を打ち立てるという難業を心に留めつつ，良識におずおずと訴えることにしよう。そして，禁止を扱った本章全体の後で，今度はさまざまな形の嘘への賛辞を聞く心構えをすることにしよう。

第3章　嘘への賛辞

嘘つき民族

　ローマ人はギリシャ人に対して言うべきことがあったはずだ。つまり，ギリシャ人は軍事的には弱体ながら，より知的であり，より教養があり，より洗練されていたことを認めざるを得なかった。でも，ギリシャ人は嘘つきだったのである。キケロ（前59年）はこういう態度の代弁者である。「ギリシャ民族全体について私はこう言っておく。彼らの文学を彼らに譲り，彼らの多くの芸術の知識を認めるし，彼らの話し方の優雅さ，知性の鋭敏さ，言葉の豊富さを否定しないし，何かほかの資質を彼らのものと主張しても私はそれを拒みはしない。でもこの民族が開発してこなかったものがあるとしたら，それは証言や真理への敬意である」（『ルキウス・ウァレリウス・フラックス擁護』4, 9）。こういう厳しい言葉はその後，ティトゥス・リウィウス，ウァレリウス・マクシムス，プリニウス，そしてさらに，クインティリアヌスによって引き継がれたのであり，クインティリアヌスは，ギリシャ民族は詩作品において訴えていたのと同一の空想力をもって歴史を書いたのだ，と非難している（『雄弁家教育論』*Institutio Oratoria*, 2, 4, 19）

　ちなみにギリシャ人本人も認めていたように，彼らのうちでも嘘の筆頭はクレタ島の住民だったのであり，後者に関してクノッソスのエピメニデスはすでに西暦紀元前7世紀にこう言っていたのである──「クレタ人はいつも嘘つきであり，乱暴な悪党であり，怠惰な大食漢である」。その理由はたぶん，彼らが大方は海賊や外国人傭兵を職業としていたからだろうし，たぶんオデュッセウス（嘘つきの逆説の一種の先祖）も嘘をついて，自分がクレタ生まれだと幾度も主張していた（『オデュッセイア』, XIII, 256*ff*.; XIV, 199 ; XIX, 172*ff*.）からであろうが，実を言えば，西暦紀元前2世紀に，動詞 *κρητιζειν*──「クレタ人のように喋る」「クレタ人の振りをする」，つまり「嘘をつく」を意味する──の使用が証明されるし，パウロもティトゥスへの手紙の中で「クレタ人は

いつも嘘をつく」(1, 12) と主張しているのである。

　他方，プラトン本人とても，クレタ人がスパルタ人よりも節度がなく，アテナイ人よりも論争に熱中しないが，より省察に耽る（『法律』，641e）と主張して嘘をついている。たぶん皮肉からかも知れないし，たぶん同じ対話篇の中に見つかるクレタの諸制度への賛辞と矛盾しないようにするためからかもしれない。とにかく明白なように，西暦紀元前4世紀のギリシャ人〔プラトン〕にとっては，話すことよりも考えることに没頭する（これは，アテナイ人が議論に熱心なのと反対である）というのは，クレタ人の発する少ないが，いつも不誠実な言葉へのからかいだったに違いない。

　他の人びとを間接的に嘘つきだと言わんがために嘘をつくというのは，はなはだ洗練されたスタンドプレーだし，これは，墓石や，墓碑銘や，彫刻でも嘘をつくことができると正当にも規定されてきたこの民族の一代表者にはふさわしいことではある (Piccaluga, 1992 ; Guarducci, 1974, III)。すなわち，神殿の内部に刻まれた姑息な手段，生者たちに涙させる死者，故人への長命の祈念，これらは石の上に永久に彫られた事例にほかならないのであって，こういう儀式をもつ民族には，泥棒の保護者（ヘルメス）もいたし，彼らが敬っていた神々の父は，人びとから信じられることを欲した場合には，トップのしるしとしてなされた言葉を守ることを強いられていたに違いないのである。そういう証例としては，ゼウスのテティスへの答えがある。テティスが早死にした息子アキレウスの復讐を頼みにやってきて，ゼウスの顎をなでたり，両膝を抱擁したりすると，ゼウスはこう言っているのだ――「『願いの筋はなんとか叶えてやれるよう考えておこう。さあ，そなたが得心のゆくように，こうして頷いてみせてやろう。神々の間では，それがわしの与える一番確かな保証の印じゃ。わしが一旦よしと頷いたことは，決して取り消すことも欺くことも，また果たさずにおくこともない。』

　こう言ってクロノスの子が漆黒の眉を俯せて頷いて見せると，神々しい髪がゼウスの不死なる頭から靡き垂れて，オリュンポスの巨峰もゆらゆらと揺れ動いた」（『イリアス』I, 523-530〔松平千秋訳，岩波文庫，1992年，（上），36頁〕）。

　映画『アンタッチャブルズ』における大物アル・カポーネ役のロバート・ディ・ニロの眉毛も同じ力をもっている。文明でも，言葉ではなくジェスチャーが歴史をつくる場合があるのだ。真実を保証するのは言葉ではなくて，別の種類の

印なのだ。オデュッセウスが傷痕や弓や、あるいは、家の周囲にあったオリーヴの木を切り抜いて造ったベッドで本人と再認されることになる。彼の言葉は、ほとんどいつも、しばしば大げさに、嘘っぱちだったから、それで本人と再認されるはずはもちろんないのである。

遊ぶための言葉

　ギリシャ文明は（マフィアの仕組みみたいに？）言葉を用いても、それは遊びのためなのだ。なにしろ、真に重要な印は別のことなのだからだ。ソフィストたちの偉大さは、たとえ真面目かつ著名な哲学者たちから追放されたとしても、依然としてわれわれを魅惑する。ソクラテスが嘘と皮肉とのバランスを常に保つ、虚構の才能をわれわれは否定できない。偉大な演劇は、悲劇であれ喜劇であれ、ギリシャのものである。またとりわけ、オリュンポスの神々は真実へのいかなる権利も主張してはいないし、ましてや真実であると要求したりはしていない（そうでないとしたら、ただ性的満足や征服だけを目的として、彼ら神々が絶えず男女と関係をもっていることが、どうして正当化されよう？）。

　このように『イリアス』の中ではホメロスは嘘を理論上批判しているのに対して、『オデュッセイア』の中でわれわれに示している嘘つきの英雄〔オデュッセウス〕は、ゼウスの頭から生まれた知恵の女神アテナ自身から、その嘘つきの巧妙さゆえに称えられているのである。前章において、われわれはすでにこの点に関するプラトンの見解に言及しておいた。つまり、ソクラテスによってより賢いとされているのは、そうであることを意識しない、もしくは、真と思われること以外のことを言う可能性を知らない、もしくはそういうことができない、真面目人間に比べて、嘘をついていると知りながらも嘘をつく者のほうなのだ。『イリアス』第九歌でのアキレウスとオデュッセウスとの対話は、皮肉と逆説が染み込んだ議論の対象になっている。すなわち、オデュッセウスは立腹しているアキレウスを戦闘に戻るよう説得しようとして、お返しの数々の贈物としてアガメムノンに捕らえられている、ブリセウスの美しい娘を取り戻してやることを約束するのである。すると、テティスの息子アキレウスは答えて「機略縦横のオデュッセウスよ」と呼びかけている（字義上は「たくさんの策略を有する者」の意）。「わたしは、肚で思っていることと、口に出していう

ことが違うような男は，冥府の門と同様嫌いなのだ」(『イリアス』第九歌, 312-313〔松平訳，(上), 280頁〕)。

　嘘は忌まわしいのであり，オデュッセウスもアガメムノンをも信用するわけにはいかないのだ。しかも，アキレウスはかんかんに怒っており，二度と戦闘に戻りはしないであろう。翌日，彼は出帆し，帰国するであろう。いやむしろそうはしないで，戦闘の結果を待つのであり，自分の船を防衛するためにしか闘わないのだが，それも，ギリシャ人の陣地がトロイア人によって破壊されるのを見た後でのことなのだ。最後に，(またも！) 眉毛の動きだけで，指し図し，居合わせた者のうちで，忠実な老フォイニクスだけを引き止め，彼のためにパトロクロスがふくよかな寝床をしつらえねばならなくなる。だが周知のように，アキレウスは出帆しようとしない。反対に，彼は戦闘に戻って，ヘクトルを殺し，そしてそれから今度は殺されることになる。したがって，アキレウスも——ソクラテスが『小ヒッピアス』(368a-372c) の中で主張しているように——嘘をついているし，しかもこの嘘つきのオデュッセウスに対して，厚かましくも嘘をつくのだ。彼はオデュッセウスよりも上手に嘘をつくのだ。彼はより巧みである以上，より有徳ということになるのだろうか？

　この質問には答えがなされていない。なにしろプラトンによって登場させられたソクラテスに関心があるのは，この答えではないし，われわれとしてはむしろ，われわれが今日では嘘をつく術と規定すべきものにおいて認められている巧妙さのほうに留意すべきなのだからだ。この技術の第一幕は疑いもなく，嘘を忌まわしいと宣言することである。イアーゴウは自らの誠実さを強調する必要を感じているが，それと同じくアキレウスも嘘を罵ることから始めている。この嘘はオデュッセウスが，このイタケの王の語るもっとも長大かつ複雑な話を聞かされる人物たる，豚飼いのエウマイオスに対して，同じ文言で繰り返すことになる。「貧しさに敗けて嘘をいうような男を，わしは冥府の門同様嫌うのだ」(『オデュッセイア』第十四歌, 156-157〔松平千秋訳，岩波文庫，1994年，(下), 42頁〕)。必要に迫られたとしても，この厳格なオデュッセウスからすれば，嘘つきを罪から救い上げることはできないのだ。オデュッセウスはというと，150行にわたって哀れな豚飼いに対して嘘をつこうとしており (『オデュッセイア』全篇の中でもっとも長い嘘だ！)，クレタやエジプトや，地上や海上での波瀾万丈をでっち上げ，「万事ありのままにお話しよう」といった表現を

挟んだり，偽りの誓いをしたり（「神々に，双方の証人になっていただこう」）している。でも，これはキリスト教徒たちのそれのように重い偽誓ではもちろんない。ペテロでさえ，イエスが捕らえられた夜に嘘をつき，イエスを知らない，と言って，偽誓に頼り，自らの嘘の真正さを強調しようとしたのだが，その後このことを「いたく」後悔したのであり，少し後には，復活した真理たるキリストによって，公けに許されたのだった（『マタイ伝』26，69-75，および『ヨハネ伝』21，15-19）。

嘘の技術

『オデュッセイア』の主人公を筆頭とする，ギリシャ人たちの智謀 $M\bar{\eta}\tau\iota\varsigma$ に関する著書の中でデティエンヌとヴェルナン（Detienne／Vernant, 1974）が触れているように，「策略に富む，巧妙な，話のうまい」といったような形容詞がいつもくっついているオデュッセウスについては，容赦は無用だ。万事に巧みな人びと，何事でもなしうる芸術家，多方面の知能の女神たる，オケアノスの娘メティスは，嘘そのもの以外に目的がないとはいえ，嘘をつくことができるし，いつも信じられうるのである。オデュッセウスが数々の冒険の過程でいくどとなく嘘をついて，自分の命や仲間たちの命を救っているとしても，また，求婚者アンティノオスに対しては（自分も金持ちだったのだ，「ところが……ゼウスが何もかも台なしにしてしまわれた ── それが神の御心であったのでしょうが」，『オデュッセイア』第十七歌，424〔松平訳，（下），139頁〕）自分の最期を予言するかのように嘘をつくのも理解できるにしても，お人好しのエウマイオス，父ラエルテス，受難者ペネロペに対して言われた嘘は受け入れないように思われる。老いた父親をなおも待たせたり，いつもの嘘のシグナルを発したり（「何でもありのままに申しましょう」），また新しい話をひねりだしたりするのは何のためなのか？

この点に関して，ラヴァジェット（Lavagetto, 1992, pp.26-27）はオデュッセウスの「無慈悲な冷淡さ」がこのエピソードを「謎めかし，不安に」していると語っているのは正しい。父親の顔に「不安の暗雲」が現われて初めて，息子は正体を暴露せざるを得なくなり，嘘の策略が第一段階の心からの訴えかけに抵抗しなかったとはいえ，それも無用になったことを打ち明けている。ペネ

ロペやエウマイオスに彼が語ったのはこれとは違っていたのであって、彼ら二人は或る意味では、まだ忠誠の試練を切り抜ける義務を負っていたのである。たしかに、神々からはこのような厚顔無恥が大いに褒められるのであり、この点に関しては、『オデュッセイア』（第十三歌, 256-286）の詩行を読まねばなるまい。

　アテナは若い羊飼いを装って彼女のお気に入り〔オデュッセウス〕の前に姿を現わす（たしかに騙してはいるのだが、女神だから、すぐさまそのままの姿で現われるわけにはいかないのだ）。オデュッセウスはほんとうにイタケにいるのかどうかを危ぶんで、アテナにもう一つ別の嘘話を語り、この中では、またしても真偽を巧みに織りまぜて、さも本当らしく見せている。オデュッセウスが逃げ出したと語っている、クレタ島への言及とか、霧に覆われた島へ眠けまなこで、「心も動転したまま」漂着したこととか、は読者に見逃がされはしない。つまり、物語と現実との境界は曖昧だし、オデュッセウスは見知らぬ危険から身を守っており、数々の嘘の巧妙な捏造という、その真の才能を現出させているのである。事実、女神も楽しんでいるのだ。「素晴らしい仕事に熟練している」と言われているこの女神が、手で弟子を愛撫し、やさしく「創造力の豊かな捏造者」と呼んで、賛えている。「そなたは知略と弁舌にかけては、万人に卓絶しておる」〔松平訳,（下）, 24頁〕。嘘をつくためであれ、真実を言うためであれ、言語使用の能力は知恵の一面なのであり、この点ではアテナも自分をオデュッセウスに比べているほどなのである──「わたしもまた、あらゆる神の中でも知慧と術策にかけては、その名を謳われているのだからね」〔松平訳, 同頁〕。

　こうして、嘘は人間と神との共通コードとなるのだ。両者は濃霧のせいでほかの世界から切り離されていながらも、顔と顔をつき合わせて話し合い、そして両者ともが知っている数々の技術の一つ──嘘をつく技術──に巧妙なことを認め合っているのである。

神々は嘘をつくのか？

　思想史や宗教史は聖なるものと嘘との結びつきのさまざまな例を伝えているが、騙す神は見つけ難い。見つかるのはせいぜい、ヘルメス゠メルクリウス,

アテナ‐ミネルヴァといったような，詐欺師たちの守護神ぐらいだ。デカルトの『第一哲学についての省察』(Meditationes de prima philosophia, 1639) に含まれている，有名な騙す神の仮説にしても，正しく理解されねばならない (Scribano, 1999)。デカルトは実際，こう書いている——「しかしながら，私の精神には或る古い意見が刻みこまれている。すべてのことをなしうる神が存在し，この神によって私は，現にあるようなものとしてつくられたのだ，という意見である。……私は，他の人びとが，自分ではきわめて完全に知っているつもりの事柄において間違っている，と思うことがときどきあるが，それと同じように，私が二に三を加えるたびごとに，あるいは，四辺形の辺を数えるたびごとに，あるいは，ほかにもっと容易なことが考えられるならばそれをするたびごとに，私が誤るように，この神は仕向けたのではあるまいか？」〔井上庄七ほか訳『省察』(中央公論社,「デカルト」，1967年), 241頁〕

　デカルトが表明した見解をそのほかの本文の中で考察して言えることは，数学的真理が神によって打ち立てられた永遠の真理に属するということや，神自らが不変である以上，これらの真理を神は変えることができないということである。しかしこの『省察』一には「形而上学的な懐疑」が含まれており，しかもそれは「ある古い意見」にかかわっている。つまり，現実を幾何学的‐数学的本質に帰そうとする（デカルトのその後の著作における）プラトン主義ではなくて，数学的真理は感官的物質を捨象した産物だとする，トマスにより伝播され，スアレスにより踏襲されたアリストテレス主義にかかわっているのである。

　だから，共通の文化的蓄えから出発して，読者を真理へ導こうというデカルトの計画は，『省察』一では，デカルトのものではない一つの「或る」見解に基づいているのである（デカルトは数学および幾何学の本質を物体におけるそれらの例証とも，それら本質が思考されるという事実とも，独立したものと考えている）。

　してみると，いかなる人知でも不確かにすることのできる，この"伝統的な"詐欺師と言われている神とはいったい誰なのか？　それは全能を恣意的に利用して，最初に存在したものを非存在たらしめるような神ではなくて，認識対象たる，事物に対してというよりも，精神に対して力を有している神である。実際，『省察』一の中で語られているのは，精神の中だけに存在する本質なので

あるから，騙す神とは精神内容を操作することができ，かつそう欲している神ということになろう．スアレスにあっても見られるように，知の承認が常に意図的であり，したがって，誤謬にも向かっている以上，騙す神は人間精神の内に偽への抑え難い承認をつくりだすこともできることになる．神が？　スアレスもデカルトもむしろ，悪魔（angelus malus）と言っており，伝統的な教説が彼らを助けているのだ．神ではない以上，霊は混同したり，誘惑したり，錯覚させたりすることはできようが，決して承認を強要したりはできないのだ，とスアレスも主張している．またデカルトは言っている，たとえこの「悪魔」が存在するとしても，神は私が騙されるのを許しはしないであろう，「神はもっとも善なるものと言われているのであるから」（『省察』一, 16, p. 410〔井上ほか訳，241頁〕）．これは「ある古い意見」だと「言われている」のだが，けれども，これではデカルトの懐疑を解くのには十分ではない．神の悪意とか悪霊の力とかの仮説を遠ざけた以上，デカルトには認識の確実さの保証が見当たらないからだ．つまり，物事が明白と思われていながら，後で間違いと判明したのであり，「善なるものといわれている」神への非難がひとたび除去された以上，こういう〔間違いの〕危険からはどうやって身を守るというのか？

　その後のいろいろの『省察』でも，この恐れの発生源になっているのは神の邪まな数々の小さな不確かな戯れというよりも，人間の脆弱な認識の確証のほうなのである．デカルトのプログラムが人知のこういう脆弱さに対抗しているのは，有限な人間理性の内部に位置づけられた科学が，たとえ善良な神の助けがなくても，しかも誤謬を恐れることなしに，「明白かつ明確な」認識に到達できるようになる可能性を救うためなのである．

霊も嘘をつく

　「悪魔」や「悪霊」の力は，スアレスおよびデカルトを継承したカトリックの伝統によれば，限定されており，自由意志の力を超えることは決してないのだが，それらの力は他のもろもろの文化でははるかに大きな自由を占めている．トリックスター（trickster）という語の定義（Brinton, 1868）――文字通りには「詐欺師」「いたずら坊主」を意味する――では，アフリカおよびアメリカの神話に現れる一種の特別な小悪魔のことで，1868年に遡る．トリックスター

はいわゆる神ではなくて，むしろ神の役を演じる霊なのであり，「人間の条件の象徴」(Sullivan, 1961) と見なされてかまわない，——人間をも欺くのであるが。しばしば動物の形を取って現われており（頻出するのは，コヨーテ，狐，羊，蜘蛛である），とりわけ，性器とか他の肉体部分と混同されるものと結びついた，怪物じみた特徴を有している。トリックスターがもっているのは滑稽かつ不道徳な性格であり，とくに好んで他の人びとを騙すことにより，後で，愚鈍や無知の振りをする。これらの性質がはたして本当なのか，それとも一詐欺師の巧妙さにまたしても帰せられるべきなのかを言うのは難しい。

　こうなると，どうしてもわれわれはアルレッキーノ〔コンメディア・デッラルテの道化役者〕のことを思い浮かべてしまう。半ば神のようでありながら，馬鹿の印象を与え，いつもセックスや食物に飢えており，あることとその反対のこととをいつも同じように無知を装って言おうとしている，これらの存在がカトリックの西欧では，コンメディア・デッラルテの仮面のもとに受け入れられてきた，と仮定できないわけはあるまい。そして，これらは今度は中世のジョングルールとか，シェイクスピアに見られる道化師（フール）の形をとったり，あるいはひょっとすると，獣的な特性を表わしたりしているのではあるまいか？

　アルレッキーノは実際，仮面の特徴では，また時代によっては，猿だったり，狐だったり，猫だったりしており，その貪欲やその無分別な滑稽さのゆえに痛い目に遭わされている。でも，アルレッキーノは一介の男に過ぎない。逆にトリックスターたちは神話的人物であって人間の限界を極端に押し進めている。たとえば，飢え，欲求，といったものを。こういうすべてのものは肉体に依存しているのであり，またその心は神聖ではなくて，限られている。

　霊に関しての最良の研究はラダン (Radin, 1958) に収められたものであって，ユング，ケレーニー，ラダン本人の各論文から成っており，重要なことは，どういう地理的雰囲気の中でそれぞれの神話が展開しているのかを見分けることなのだ。アフリカに見られるトリックスターには多数の異形が存在する——さまざまな民族の違いからまちまちであり，かついつも口承で伝えられてきた材料を集めるのが著しく困難であるからだ——のに対して，アメリカの神話に関してはもっと多くのことが言えるのである。

　北米では，たとえば，はるかな神話に属する存在と見なされているトリックスターに関して，"信仰"を語ることはできないが，しかし面白いことには厳

密かつ根本的に悪いというのではないが，本質的に遊び屋であり「真面目な」神の敵たる，これらの人物の側からすると，世俗化する"パロディー"や，嘲りの犠牲たるシャーマンたちとのややこしい関係が注目されるのである。非礼，無知，滑稽なのは，西部シエラ・マードレ（メキシコ）で神として崇拝されている，やはりはなはだ有名なトリックスターであって，その名はカウユマリエ（Káuyumarie）と言い，「知られざるもの」とか「気狂いにする者」を意味する。あらゆる逆説，矛盾，区分の由来は，カウユマリエの身体の根元的な分裂——幻覚剤（サボテン）のような神聖な植物と，トウモロコシのような有用植物との区分に及ぶ——にある。したがって，カウユマリエはあらゆる分裂の根元なのであり，人間に生の難しさを理解することを可能にするのである。つまり，神聖ではあっても，人間の側に立って，とどのつまり自らがその第一原因たる矛盾の数々を人間に突き止める可能性を供しているのである。中米のほかのトリックスターたちははるかに残酷かつ不実である。すなわち，アステカ族の神テスカトリポカは姿を歪めたり犠牲者たちを騙したりするために鏡を用いているし（その名前の意味は「くすぶった鏡」），ヴェネズエラやコロンビアで知られているトリックスターたちは，「公式の」神にあからさまに対抗して，司祭，シャーマンとか，特権的な宗教のいろいろの代表者たちを侮辱したり，彼らに超自然的な難儀をいろいろとつくりだしたりしている。

　このような数行だけでは，かくも重要な現象を述べるのに十分でないが，それでも，聖なる存在と虚偽との間に関係があることを明らかにするのにはおそらく十分であろう。この虚偽は心をただちに反-神に変えるのだ——人間の数知れぬ性格を極端に至らしめる者，何でも嘲る過激な悪ふざけ者，人間たちの擁護者（とはいえ，信用できるとはとても言えないのだが）における心を。

　嘘と聖性との緊密な関係は色調ではまったく異なるとはいえ，西欧中世から，とりわけ，嘘での巧妙さで賛嘆すべき人物をわれわれに提供している一人の作家から見逃がされはしない。言わんとしているのはボッカッチョ，およびその『デカメロン』（1349-1353）の第一日第一話の主人公，チェッパレッロ氏のことである。

第3章　嘘への賛辞　69

嘘と瀆聖

　語り手パンフィロが語っているところでは，チェッパレッロの話は神がつくった「素晴らしい物事」の一つであり，当然ながら，被造物の果てしない移ろいやすさを扱っている『デカメロン』は，神という「不変のもの」から始まったのである。この話が出だしに置かれていることは，作家の一種の「マニフェスト」として読むことが可能である。アルマンシ（Almansi, 1996, pp. 56 *ff.* ）によれば，読者の楽しみは，言葉がもろもろの悪徳をいかに反対の美徳に変えうるか，性懲りもない罪人をいかに尊敬すべき聖人に変えうるかを味わうことにあり，また「出だしのところで示された現実（チェッパレッロの邪悪な範例）のグリルに照らして正真正銘の虚偽をわれわれが点検できるような嘘話を一つずつ味読したり，完全な虚偽というこの感じについて熟考したりすること」にある。語り手はまず現実の諸要素を第一次資料として採用し，これらを嘘の織物や，にせのデーター，エピソード（生起しなかったが，後で決して存在しない人間たちにより成就される）のコレクションに変えるのであるが，記述の過程もこの語り手のそれに似ているであろう。したがって，チェッパレッロは最大の嘘つきとして登場することにより，職業上嘘をつく作家のダブルになっているのだ。チェッパレッロは神に嘘をついているし，実際，彼の話が最初に置かれているが，それは或る意味で嘘でさえも神による創造物であるからなのだ。虚偽の骨頂が真理そのものによって祝福されているのだが，ただし，それはオデュッセウスとアテナの場合のような，中身においてではなくて，これに形を付与するもの——語り手の技術——においてなのだ。では，事実に入るとしよう。プラートに住んでいたチェッパレッロ氏という公証人は自分の書類が一つでも贋でなかったときには「非常に恥ずかしがっておりました」。彼は偽証となれば「要求の有無にかかわらず，大喜びで」申し立てるのだった。偽誓し，人殺しをし，嘲罵し，食いしん坊で，賭博をし，女遊びをし，「友達や，親戚や，その他だれであろうと，そうした人びとの間に，不祥事や，いがみあいや，破廉恥な事件を捲き起こさせるのが，特に大好きで，その夢中になりようったらありませんでした」。要するに，古今未曽有の極悪人だったのだ。フランスでは，ムシャット氏が仕事から最終的に手を引く前に，ボルゴーニャ人（千年

後のクレタ島民）という「嘘で固めたような連中」からいくらか債権を取り立てざるを得なくなり，もちろん，チェッパレッロにはそれ相当の分け前を与えることにした。チェッパレッロ氏は失業し，経済的困難に陥っていたから，この友人を助けに駆けつけた。すると，この友人は彼をチャッペレット氏と呼んだのである（たぶん，フランス語 chapeau〔帽子〕に由来していよう）。フランスではチャッペレットは同じくイタリア人で，高利貸しをしている兄弟二人の客人となる。ところが，急に彼は病気になり，死が迫ってきた。二人の兄弟はひどく心配になった。死にかけている者を家から追い出すこともできぬし，他方この客人の堕落した生活のことは彼らに分かっているから，彼は懺悔はしたがらぬだろうし，教会の秘蹟を拒否するだろうし，結果として大スキャンダルになるだろうし，埋葬もできず，「このロンバルディア人の犬畜生めら」（つまり，イタリア人の高利貸したち）に非難が轟々とどろくであろう，と。

　すると，チャッペレットはすぐさま解決策を見つけるのだ。神にさんざん侮辱を働いたのだから，死の瀬戸際にもう一つ悪業を加えても「大した変わりもありますまい」。かくて「高徳の立派な生活を送ってきた」一人の「老修道士」が招かれる。チャッペレットはこの修道士に対して，どんな女とも淫乱の罪を犯したことがないし，断食や巡礼の生涯を送ってきたこと，金儲けをしようとしたことを後悔していること，貧乏人たちといつも何かを半分わけしてきたことを打ち明けた。それから，数々の"罪"のリストを数え上げられたため，とうとう修道士はわが身を恥じる破目に至る。若者たちの虚栄に怒りを覚えたり，土曜日の夕方に召使いに中庭を掃除させて祭日の休息を大事にしなかったり，はては，幼い頃，自分の母親に向かって暴言をはいたりしたこと，などのために。チャッペレット氏は赦免や，臨終の秘蹟を受け，教会の中でばかりか，同じ修道士の修道院の中でも葬られた。死後，修道士たちは彼を聖人と見なして，通夜をし，荘厳な葬儀を行い，人びとにこの死者の手足に接吻させ，その体からは着物が聖遺物として剥ぎとられ，とうとう彼は「正式の」聖人にされてしまった（こういうすべてのことは，14世紀以前の，まだ列聖式のプロセスが確立していないときに，人民の一種の熱狂の中で起きたのである）のであり，彼はたくさんの奇跡を発揮したことになる。だが，この話の語り手は，これは驚くべきでない，と結んでいる。なにしろ，神はふさわしくない者をも遠慮なく自身の仲立ちに利用するのであり，われわれおよび物語の聴衆たちに

は未知の"聖"チャッペッレットの極端な現実的回心の可能性は永久に残されているからである。

　このようにして，神が嘘つきの巧妙さ，瀆神者の厚かましさに屈してしまうため，二人の高利貸したちまでも不信心者になってしまうのだ。嘘のこの精巧さ，小さな，あるいは存在しない罪の告白に改悛と涙を混ぜるやり方は，手練手管ばかりか，キリスト教徒の人生の掟を深く知っていることを立証している。はたしてこういうことで，「不変なる」主に賛美や寛容が湧き出てたり，はては悪党の仲介によって惹き起された奇跡を納得して認可するまでに立ち至るのであろうか？

　ボッカッチョの意見は別のように思われる。つまり，神の慈悲心は「わたしたちのあやまりではなく，わたしたちの信仰の純真さ」にかかわっており，だから，われわれが誤って神の敵を仲立ちとしてたてたとしても，それをご自身の友と信じて「まるでわたしたちが本当に高徳なお方を神さまの恩寵の仲立ちにお願いでもしたごとく，わたしたちのねがいをお聞きとどけて下さいます」〔柏熊達生訳『デカメロン』I（ノーベル書房，1981年，47頁）〕。神を欺く者たちと，欺かれた信者たちとでは，後者が勝利するのだ。なにしろ，嘘つきの手練手管には関係なく，信仰の清らかさのおかげで，彼らは求めた奇跡をかち取るのだからである。

　とはいえ，チェッパレッロ氏――または聖チャッペッレット――の教訓はその続きがなしで止まるはずはなかったのであり，最近でも，現代文学によって踏襲されているのである（Saba Sardi, 1991, pp. 186$ff.$ の，真の奇跡を行うにせ聖者なる登場人物を参照）。

<h2 style="text-align:center">嘘と狂気</h2>

　『デカメロン』百話は1349年から1353年の間に作成されたものであり，コムーネのブルジョア文明と同時に，人生の複雑さをも反映している。これらの話は16世紀まで，もっとも模倣された散文作品である。しかし，嘘への態度が人文主義とルネサンスの世紀にいかに大きな変化を受けるかに気づくために，チェッパレッロのライヴァルを探すには及ばない。ヘール・ヘリット，つまり，ロッテルダムのエラスムス（1466-1536）のような思慮深くて厳格な人物が，有名な

『痴愚神礼讃』(1511年)の中で，ためらうことなくこう主張しているのだ——真実らしさが容認されるのは，狂人だけ，つまり，シェイクスピアの作品の中では正式に道化師とされている人物や，古代悲劇の中で合唱隊(コロス)や予言者の役割を引き受ける(つまり，あけすけに事実をコメントしたり，物語ったりする)ことをあえてやらかすことができるジョングルール(フール)だけなのだ，と。マクベスやリアを劇の成り行きの中で，叱責しているのは，彼らを攪乱することも欲せず，彼らのごまかしに屈することもしない唯一の者，つまり，民衆喜劇の滑稽な継承者だけである。こういう者は何も失うものを持たないし，愚行の印のおかげで救われるのであり，このために，他の人びとの尺度で判断されないでおれるし，したがって，気にさわる真実を公言するときでさえ，処刑されずにおれるのである。

　世俗国家の建設，世俗司法当局の権力，明確な貴族ヒエラルキーの構造化，これらのせいでルネサンス人は用意周到になってゆく。君主を怒らせることはやってはいけない。なにしろ，その権力は絶対だからだ。面白いことに，エラスムスの本の中では，狂気がこう独りごとを言っている。「私は口に浮かんだことを全部喋ってしまうのが，これまでいつも大好きだった」し，「私は，白粉(おし)をつけたりしませんし，心で感じてもいないことを顔に出すというようなこともいたしませんよ」〔渡辺一夫訳『痴愚神礼讃』(中央公論社，1969年)，60，61頁〕。ただし，この作品がオランダのヒューマニストから献じられた友人トーマス・モアは，約20年後，ヘンリー8世の再婚に反対し，ローマの教会からの離反にも反対したために，この国王から不興を買い斬首されてしまうと考えると，あまり面白くなくなる。

　愚行の化身はこう主張している——「王公の耳は真実を恐れている」〔同，107頁〕と。現実はこのとおりなのであって，「真実は，王様たちから愛されておりませんね。けれども，私の家来の阿呆たちは，真実を王様たちに受け取らせ，公々然と王様を罵(ののし)りながらもこれを楽しませるという驚くべきことをやってのけるのです」。これが賢明な人によって語られたとしたら，こうはならないであろう。「同じことばでも，賢人が言った場合には死罪に処せられるようなことになりますのに」〔同頁〕。阿呆だけが，「率直で誠実なのです」，そして「真実くらい褒め讃えられるものが他にありましょうかしら？」〔同，106頁〕。エラスムスはギリシャの伝統と対決することも恐れていない。すなわち，プラトン

の『饗宴』(217e) の中で，アルキビアデスの格言では真実はぶどう酒のなかや幼児の唇だけにあるとされており，また，エウリピデスが「阿呆」は心中で思っていることを全部その顔に出すが，賢人は逆に二枚舌を持っており，一つのほうは真実を言うために，もう一つはその場に合ったことを言うために使うと言っている（『バッコスの女信徒』369，および偽作の悲劇『レーソス』394）。他方，同じプラトンが支配者たちに嘘をつく許可を与えて，嘘を「薬剤」のようなものだとした。医者によってそれが上手に用いられると，人間にとってたいそう有益になりうるというのだ（『国家』389b，および『法律』722b-c）。同じ対話では，ホメロスが嘘をつき偽ってみせる神々について語っている内容も批判されており，真実の探求こそが哲学者 - 統治者の最高の仕事であると主張したし，「臆見(ドクサ)」であることを「学知(エピステーメー)」として，また，非有の限界にある「存在とは別」のことを「存在」として通用させるための唯一の方法は嘘かもしれない，と強調したのだった。まさしくこの『国家』は支配者に嘘の特権を当てがっていたのである。

「国の支配者たちこそ，国の利益を目標にして，敵あるいは国民のために偽りを言うのがふさわしいのであって，その他の人びとによってはこのようなものに触れられるべきではないのだ」（『国家』，389c〔山本光雄訳（河出書房，1965年），79-80頁〕）。プラトンの描いた理想国では，支配者は真実を見たし，これを所有しており，したがって，これを好きなように用いることができるし，自分に委ねられた市民たちの幸福のためにふさわしいと判断するときにはその真実を隠すこともできるのである。

逆に，国民たちは嘘をつけないばかりか，もし「嘘をつくところを捕え」られたとしたら，「国を転覆させ破滅させる行為を導き入れる者として」（389d〔同，80頁〕）罰せられるであろう。支配者に対して国民がついた嘘にも厳罰が科せられねばならない。病人が医者に向かって，あるいは身体の鍛練者が体育教師に向かって偽りを言うとか，あるいは船員が船のほんとうの状態を船長に隠すとかいった愚行にも，上の嘘は比べられうるものなのだ。

君主の特権

この特権は温情主義の極めて深刻な一形態であって，必ずしもこれが16世紀

の君主たちにいかなる場合でも嘘の特権の所有者を自覚させるに至るというわけではない。エラスムスはこれら君主を，おべっか使いに囲まれ，阿呆の口からのみ真実を知ることを強いられた，不幸な人びとと書き記していた。ニッコロ・マキャヴェッリはその君主に，おべっか使いから逃げて，「賢い人びと」に取り囲まれ，彼らにはただ「真実を語るための自由意志」を与えること，その後でひとりで決定を下す際には，あまり彼らの意見に左右されないようにすることを勧めている。とにかく，1513年に執筆され，1532年に印刷された『君主論』には，嘘に関しての支配者自身の態度についてはなはだ鋭敏な見解が収められているから，われわれの研究でも見逃すことはできないのである。『国家』に較べれば，根底はまったく違う。すなわち，共同体の"幸福"を忘れて，君主たる者は"運命"と闘わねばならない，というのだ。この"運命"とは，君主の行動を条件づけうるもろもろの不測の要素の全体――君主の意志には無縁なもの――のことである。この闘争において，君主が発揮することになる"美徳"とは，プラトン的な真理認識でも，キリスト教的な福音の掟との同一化でもなくて，むしろアリストテレス的な"器用さ"，つまり，目的に適した手段を突き止めたり，これら手段を全面的に適用したりする支配者の能力なのである。

　この目的は何か？　権力の保持，それだけだ。だからこそ，「恩知らずで気が変わり易く，偽善的で自らを偽り，臆病で貪欲である」（第17章，2〔佐々木毅訳，講談社学術文庫，2004年，136頁〕）と臆面もなく記されている世界において権力を保持するには，「恐れている者よりも愛している者を害するのに躊躇しない」し，しかも「憎悪を避ける」ようにしなければならない〔同，137頁〕。ライオンと狐を一緒に範例として，君主は力と術策を統合させて，誓いと約束をよく守りながらも，また不実で嘘つきに見えるようにしなくてはならない。「秀れた偽善者，偽装者」たることが必要なのだ。「人間というものは非常に単純で目先の必要によってはなはだ左右されるので，人間を欺こうとする人は欺かれる人間を常に見いだすものである」（第18章，3〔佐々木訳，143頁〕）。「最近の例」の内で，マキャヴェッリは「人間を欺く以外の何事もなさず，これのみに心を用いてきたが，常に欺くことのできる臣民に事欠かなかった」〔同頁〕アレクサンデル6世を無視することができないでいる。やると誓えば誓うほど，誓ったことをやらなかった人物はほかにはいなかったし，これはまさに範例で

はある。

　ところで，こういう人物がどうして恐れられながらも，嫌われずにおられるのか？　もちろん，偽装することによってだ！　敬虔，信仰，潔白，人間性，宗教。これら五つの天賦の才は，君主の言葉からも，公けの振舞いからも現われねばならないし，君主はこれらのうちの一つに反することを自ら明言するほどばか正直であってはならない。マキャヴェッリはその名を明かしていないが，その人物はたぶんイスパニアのカトリック王フェルナンドであろう。彼は「平和と信義以外を唱えなかったが，実際には両者の不倶戴天の敵であった」（第18章, 5〔佐々木訳, 145頁〕）。こういう行動が真に正当化されているのは興味深いし，それはまた保証の機能もはたしているのである。つまり，大衆が見るのは，君主の外見だけだし，少数者だけが君主の真の行動様式や有様を知っているのであり，これら少数者たちとて，臆病さばかりか，誰も身を守ってはくれないから，あえて大衆に反抗したりはしない。君主たちの行動には「訴えるべき裁判所」〔同, 145頁〕が存在しない。それだから残るのは，「勝利を博し，権力を維持する」ことのできる敬虔な支配者という（偽の）イメージだけであろう。こういう目標を大衆が見るのは，それを達成する者の行動が判断できない場合なのである。そして，もしこの目標が達成されたなら，「君主は常に尊敬され，人びとによって称讃されることになる」（第18章, 5〔佐々木訳, 145頁〕）。目的が手段を正当化するという陳腐なことは，この著者〔マキャヴェッリ〕の巧妙さの前では色褪せる。とにかく，大衆へ及ぼす支配者の行動の結果が評価されているのであり，結びとしては，「この世にはかかる大衆だけが存在し，大衆が支持する場合にのみ少数者は初めて影響力を持つことができるのである」（第18章, 5〔同, 145頁〕）と述べられている。

生き残るための嘘

　要するに，マキャヴェッリの君主でも，心には国家の"幸福"があるのだ。敵に勝利し，同じ支配者を維持することは，運命に対してのもろもろの勇気が要求される支配術の二次的な，ほとんど無意識的な目的なのである。偽善，偽誓は抜け目なく用いられるのであれば，許される，勧められる武器なのである。そして，『君主論』が執筆され刊行された数年間に，嘘に賛同する豊富な文献

が出てきているのも不思議はない。チェリオ・カルカニーニ，チェリオ・マレスピーニ，ジュゼッペ・バッティスタ，ピオ・ロッシといった人びとが『嘘の弁明』や『嘘の語彙集』（その後，Nigro（1990）に収録された）を著した。これらのページではこんなことが出ている。「真実が憎悪の母だとすれば，愛情を生み出すのは嘘ということになろう」し，「すべての悪口が憎悪の娘とは限らない。いくつかは愛の娘でもあるのだ。実際，恋人どうしの間でも，愛されているものについて悪口を言うのは普通のことである」。上記4名の著者のうち最後にあるピオ・ロッシ（1581-1667）の『語彙集』における嘘の定義は辛辣だ。「真実は一つしかないが，嘘は無限である」，そして嘘が「有効」であるためには，真実に似ていなければならない。実際，「ありそうな多数のことは必然的な一つの真実を論証するかに見えるし，多くの真実なことでも，間接的なものは，間違った結論を下させるかに見える」。最良の嘘つきは詩人だが，ただし貧乏であると主張するときは別である。それに対して，「本性上の」嘘つきは女性であって，「本性からの嘘，男性に見た目では平静を約束しながらも，苦痛を与える嘘」と端的に規定されるのが女性なのである。蝿のように，嘘はどこでも飛び回るし，「甘い好奇心がもっとも匂うところに」止まる。皮肉屋でからかい好きなピオ・ロッシは，嘘の定義をありそうなもの，詩，女性の欠陥に集中して，逆に，政治屋に必要な偽善に関する微妙な論証を背後に放置している。その間に何が起きたのだろうか？

　その間のイタリアは，マキャヴェッリが書き著し，グイッチャルディーニが希求していたような，力強くて抜かりのない"君主"を見つけることができなかったのである。15世紀末のメディチ家の宮廷は文士たちや芸術家たちに夢を見させているし，マルシーリオ・フィチーノはそのプラトンおよびプロティノスの翻訳や，自らの著作によって，観念論的な強い含意のあるプラトン主義の再来を促しているのに，ボルジア家もメディチ家も他の人びとも，彼らの権力をイタリアの地上に保つことはできなかったし，そのため，1527年には恐ろしいローマ劫掠（ごうりゃく）に襲われるに至ったのである。トーマス・モアの『ユートピア』（1516年），その後に出たトンマーゾ・カンパネッラの『太陽の都』（1602年）はともに，もちろん同じくプラトン対話篇から着想された，政治的夢の力のしるしであるし，また，「存在しない場所」にしか理想の都を考えることができない人の失望のしるしである。君主たちは，翻弄されるがままの国民の絶対的な

第3章　嘘への賛辞　77

王となったし，共同体の幸福は三十年戦争〔(1618-1648) ドイツの宗教戦争〕の序曲たる世紀における悪趣味の冗談に見える有様になったのである。

　バルダッサーレ・カスティリオーネによってローマ劫掠から守られて執筆された『廷臣論』(Il libro del Cortegiano, 1528) は象徴的だ。これはマキャヴェッリの著書への補足的な回答となりうるものであって，完璧な君主に仕える完璧な廷臣の特徴を記述している。こういう数年のうちに，時代はもう変化したのであり，カスティリオーネの蘊蓄のあるページに書かれているのは，本質的に「分別」のある人物である。遠い過去や近い過去の時代に対するグイッチャルディーニのノスタルジーでも，この著書のページは包み隠されている。すなわち，"美徳" は "運命" に対して無力だったのだ。後者を擬人化していたのは，ローマの神聖を汚したドイツ人の傭兵たちであり，キリスト教の激変（ルターの「95カ条の提題」は1517年のことである）であり，互いに戦い，また教会・新興の富裕な市民家族・旧封建領主と闘争した君主たちである。"廷臣" はもろもろの事件に圧倒されてしまいながらも，賢明なバランスを保つすべを心得ていなければならない。それはキケロが『義務について』(De officiis, I, 25, 89) の中で示唆したものに近い「月並みさ」(mediocritas) のことであって，相反する二つの欠陥の深淵どうしでの美徳の極みたる，アリストテレス的な「中道」なのではない。バルダッサーレ・カスティリオーネの理想人は「中庸」を好むから，あらゆる技芸――狩りから文学に至る――を少しばかり（過度には陥らないで）知らなければならない。倫理的な君主たちと美的な君主たちとを仲介する術を知らねばならない。僅かな年月のうちに日和見主義に変わらざるを得ないかも知れぬ好機に従って，話す術を心得ていなければならない。

　最高度のエレガンスはもちろん，隠し立て〔猫かぶり〕に帰されている。やはり，キケロを採用して（『弁士について』De oratore, II, 67, 269-270)，勧められているのは，政治の演劇性を遊びの軽さとうまく混ぜることのできる会話である。宮廷貴族は悪趣味に屈することも，(たとえ本当らしさは許されたにせよ) おどけた行為に進入することもできなかったのであって，慎重さをもってではあるが，「抜け目のない言葉」を用いる術を心得ていて，しかも皮肉をこめて喋ることに長けていなければならなかった。そのことは第二の書の73に読めるとおりである――「このように皮肉のきいた冗談というのは，大人物にこそ相応しいように思われます。というのも，荘重であると同時にぴりりとした

刺激も含んでおり，滑稽な表現も可能ならば，また厳格な表現にも応用できるからです」〔清水純一ほか訳『カスティリオーネ宮廷人』（東海大学出版会，1987年），359-360頁〕。

生きる術(すべ)を知るための嘘

　他方，"隠し立て"は雅びの義務である。「かなり上品なジョークのつき方は，あることを言うとき，秘かにそれとは別のことが意図されるときの，一種の隠し立てから成るものである」。もちろんここでは嘘が勧められているのではない（そんなことをすれば，バランスの月並みさ（*mediocritas*）が崩れてしまうだろう）。「小人に向かって巨人だとか，黒人に向かって白いとか，またはひどい醜男に向かって美男子だと言うような，まったく逆のやり方のことを言っているのではない。これらがときには笑わすにせよ，食い違っていることはあまりにも明白だからだ。そうではなくて，真面目かつ深刻ぶって話しながら，心にもないことをふざけながら面白く語る場合のことなのだ」（II，第72章）。心の中にあることとは別の言い方として嘘を解釈する，アウグスティヌスの定義が，楽しい遊びの記述に化している。廷臣がますます人生経験の豊かな人となるための，行き届いた躾(しつけ)で中和された義務の記述に。

　こういう躾の手引きはジョヴァンニ・デッラ・カーサ氏の代表作『ガラテーオ』であって，今日でもいろいろの形で模倣されており，その大綱と形式では決して廃れていないのだが，中身では別である（「携帯電話を使うためのガラテーオ」とか，「完全な旅行者について」とか，「教養のあるツーリストについて」とかを喜ばない人がいるだろうか？　恋文の書き方，それの引き裂き方，仕事場の辞め方，それの見つけ方，応じたくない招待の断り方，招待してもらう法，とかについてアドヴァイスした無数のありふれた小冊子は言うまでもない）。

　マンガネッリもこのガラテーオへの序文で述べていたように，このテクストは修辞学の素材としてばかりか，一つの修辞術としても立派な流儀になっているのである。したがって，出だしのいらいらさせる「……であるから」（conciossiacosaché）は，思慮深さ，省察，一つの技術の研究，への招待として読まれるべきなのであり，倫理学とか，道徳神学とかはかかわろうとしてはい

ないで，現世の生活とかかわろうとしているのだ。「私が示そうとしたのは人びとの罪ではなくて，過ちのほうなのである」（第27章）。1551年から1555年にかけて司教ガレアッツォ（ガラテゥス Galatheus はこれに由来）・フロリモンテの求めに応じて書かれた『ガラテーオ』は，いかに振舞うかを教えている。つまり，人の集まりの中で居眠りしたり，大声を出して起きるのは良くない（第6章）し，また読むために引き籠るとか，癖ないし気取りのために舌をペロッと出したりするのも良くない（第30章）し，家の者を打擲(ちょうちゃく)すべきではない（第8章）し，また膝小僧で貧乏ゆすりすべきではない（第6章）。舌は制御すべきであり，「醜悪な」もしくは「不快な」イメージを思い起こさせるとか，悪口雑言を吐いてはいけないし，追従に陥ってはいけないし，自分の事柄とか自分の夢を語ってうんざりさせてはいけないし，嘘をついてはいけない。なぜか？ 嘘つきはやがては信じられなくなるし，やがては「話をしているのではない，いやただ息をもらしているだけ」と聴かれるようになるからだ（第13章）。『ガラテーオ』を読むのは楽しいが，この簡略で有名な小冊子のページの間にひそかに広がっている一種の不安から解放してはくれない。なぜ私たちは良い躾のルールに従って行動しなければならないのか？ 同類から認められるため？ 悪印象を避けるため？ これらは嘘をつかないための十分な理由なのか？ 鼻紙なしにせきや痰を吐きちらすための理由ではあるかも知れない（第3章）が，とりわけ隠し立てを教えている本書の内部では，確かに薄弱な理由となろう。たとえば，より内心にある重要なプライヴァシーを隠したり，他人に歓迎される話題だけを探したりする場合には。

隠し立ては立派なことである

ピエロ・ヴァレリアーノの『聖刻文字学』（Hieroglyphica）の画像が主張していたように，心を「胸から外へ」出すことはもはや許されないし，人は生まれてきたこの世界の暴行や詐害に適応しなければならないのであり，この世から最終的に脱出することによってしか救われはしないであろう。この時代はカルメル修道会の改革の時代だったし，アビラのテレサ（1515-1582）やジョヴァンニ・デッラ・クローチェ（1542-1591）のおかげで，原始的規律の遵守が復活させられたのである。この世にいる者にとって，幻滅（desengaño）は，優れ

てバロック的なテーマであって，夢を生に対立するものと見なし（カルデロンの作品における，解決不能な，相互に絡み合った，欺瞞と悟りを想起しないではおれまい），仮面を真実に対立するものと見なし，世俗の偉大さをはかなさに対立するものと見なすのである。仮面なしに生きることは不可能である。このために，攻撃的行為たる猫かぶりをするのではなく，防衛的行為たる「隠し立て」——『真面目な隠し立て』——が行われるのであり，これは1641年に刊行されたトルクワート・アッチェットの比較的有名な著書の表題なのであって，その数年後にはヨーロッパ一円で知れわたったものなのだ。

　真面目な猫かぶりは耐えたり，沈黙したり，待ったりする術を心得ているし，それだから，「粗暴な人びとが自分で持っているものを享受できないのに対して，〔猫かぶりは〕自分で持っているものをもいわば享受する」のである。そしてアッチェット本人もプロローグの中で，自分が上梓する本は自己検閲の結果であること，訂正したというよりも「枝打ちして」あり，「ほとんど血の気のうせた」ものなのだということを主張している。真実は美しいし，極めて美しいのであり，この小冊子のはじめの数ページでも読み取れるように，それを断念すべきではないが，ただし，真実にはすでにバルダッサーレ・カスティリオーネやキケロ（『義務について』，西暦紀元前44年）も称えていた慎重さがいつも伴わなくてはならないのである。この美徳はどうしても「真面目な闇と激しい敬意とから成るヴェール」（第4章）と規定される，隠し立てをもたらさずにはおかない。こういう撞着語法の遊びは，バロック期のすべての作家たちに喜ばれたものなのである。偽装はありもしないこと——つまり，嘘——を信じさせることであり，したがって，糾弾されねばならない。それに引き換え，隠し立ては「ありのままのことを見せない抜け目のなさ」（第8章）なのだ。17世紀の人間が見ようと欲しないわけは，どんな優美な見かけでも，歴史に属しているありとあらゆる存在をいやおうなく待ち伏せている死を隠しているからなのである。ヴェラスケス，スルバランや，彼らの同時代人および悪流は自然の残酷さを少しも自制してはいないし，死に責めさいなまされる君主たちとか，1632年のレンブラントの絵『トゥルプ博士の解剖学の教え』とかも，アッチェットの著書第9章の勧告の正当さをわれわれに得心させるのには十分である。「思うに，死すべき者の生の条件にあっては，あまたの欠陥が生起しうる……」。醜人，病人，不具者が存在しているし，とりわけ，短命な者，不慮の死を遂げ

る者，瀕死の者が存在している。だが，真面目な人はこれらを隠さなければならない。「結果，大いなる無秩序が世の中に生ずるのは，これら（欠陥）を取り除けなくて，醜いからとか，ひどい出来事を生じさせる危険があるからとかで見られる値打ちのないものを隠す手段に訴えないでいるときなのである」。真面目なアッチェットの悲観主義は絶対的なのだ。「すべて美しいものは，寛大な隠し立て以外の何ものでもない」し，自然そのものにしてからが，大いなる猫かぶりと言われている。なにしろ，真紅のバラにしても，それを待ち構えている悲しい終末，つまり，うじ虫に食べられる前に腐敗し滅びることを，その美しさによって隠しているだけではないか？

　真の猫かぶりは善人なのであって，怒りを逃れ，自分自身についてあまり尊大な意見をもたず，むしろ自分自身で隠し立てすることができるから，ときどき自らの不幸を忘れる（「哀れな人は日によっては自らの災難を忘れて，せめて満足を与えてくれるようなイメージをもって生きるようにし，結果として，自らの不幸の対象がいつも心に出来(しゅったい)なくなるようにすべきなのである」，第12章）。だが人はただ自分の不幸を忘れるためだけに隠し立てをすべきではない。同情からも隠し立てするのがよいのだ。たとえば，愛人どうしの隠し立てはあらゆる点で有用である。猫かぶりは暴力によるよりも，才知によって助けられて，勝利を得るし（何に関して？　生の醜悪さに関して？），享受する。最後に，ちょうどカンパネッラが「最後の審判における喜劇の認識」（『若干の哲学的な詩選集』 *Scelta d'alcune poesie filosofiche*, 14）を期待しているのと同じように，アッチェットも聖なる裁きが最後には「この大きな世界劇場」（第17章）の絶えざる変化の意味を明かすであろうことを信じている。その審判の日は，「隠し立ても必要ではなくなるような」唯一の日であろうし，そんなものは彼岸ではまったく無用となるであろう。だが此岸，現世，歴史にあっては，聖書にしてからがこの技術の必要性を確信しているのである。ヨブは神から恐ろしい災いが容認されたにもかかわらず，平静を保つことにより，猫かぶりをしたのではなかったか？『ウルガータ』(*Vulgata*,『ヨブ記』3, 26) では，「私は猫かぶりはたぶんしなかったし，沈黙はしなかったし，平静を保ちはしなかったというのかしら？〔そんなことはない。〕それでも神の怒りが私に達したのだ」(Nonne dissimulavi? Nonne silui? nonne equievi? Et venit super me indignatio) とある。

200年後にショーペンハウアーもしたように，アッチェットも嘘ではないにせよ，少なくとも真面目な隠し立てが許容されることを支持するために，聖書の援用を必要としている。実際，このドイツの哲学者は敵とか詮索好きの人びとから身を守るためには嘘が許されるという，二つのテーゼを主張するのにキリストがみずから両親に対して，仮庵祭にエルサレムに行くつもりはないと言いながら（「……わたしはこの祭りには上って行かない」『ヨハネ伝』7, 8），それでもそこへ出かけている（「祭りもすでに半ばになったころ，イエスは神殿の境内に上って行って，教え始められた」『ヨハネ伝』7, 14.『道徳の基礎について』第3部「倫理学の基礎づけ」〔「前田敬作ほか訳，白水社，1973年，345頁〕（第17節）に引用あり）聖書のエピソードを引用するのをためらってはいないのである。

嘘と真実は道徳外

　逆に，隠し立て（偽装）はもう一人のドイツの哲学者からは受け入れられていない。彼は「概念の助けで自己規制する」人を皮肉まじりにこう記述している。つまり，不幸にあって，真実しか欲しないと言明した人は「ひきつった動揺した人間の顔をせずに，言うならば，威厳のある釣り合いのとれた表情の仮面をつけるのであり，泣き叫ぶこともせず，声さえも変えないのである。本当に雷雲が彼の上に雷雨を降り注ぐならば，彼はマントに身を包んで，ゆったりとした足どりで，雷雨の下から立ち去ってゆくのである」（渡辺二郎訳『哲学者の書』「哲学者に関する著作のための準備草案」，三，1873年夏から(1)道徳外の意味における真理と虚偽について，理想社，「ニーチェ全集」第3巻，1965年，314頁）。真理を探し求める振りをしながら，後でそれを拒む人びとに対しての，フリードリヒ・ニーチェの軽蔑は，1873年の著作『道徳外の意味における真理と虚偽について』の上の本文にも表われている。ニーチェのページにはよく見られる厳しい皮肉は，ほかの場合でもよくあるようにここでも，この哲学者によって支持された人物というよりも，言語観によって正当化されているのである。宇宙の中心であると信じる人間は，蚊でも知性があればそう信じるであろうのと同じく，滑稽に見える。滑稽なうえに哀れでもある。なにしろ，生き残るためのより強力な武器に不足している場合にしか，知性を持っていることを悟らないからだ。このことが人間を大いに喜ばせ，一見重要人物と信じさせ，とりわけ，言語な

る道具を用いて共同体を築き上げたくなるようにせき立てるのである。ここから欺瞞のうちでももっとも残酷なものが行われる。つまり，「困窮に迫られたり，また同時に窮屈凌ぎの気持ちから」人びとがそっと群居し，まず第一に，「真理の当初の諸法則」を供するような「言葉の立法」を設定するのだが，自分たちが"真理"と呼び始めているものが，たんに主観的な印象から主観的な隠喩——概念——への，そして，後者から別の隠喩——言語——への，「恣意的な転移」に過ぎないのだということには気づかないのだ。人は物自体についての何ものかを知っていると信じているが，誤解なのであって，人が真理と呼んでいるものは，誰かがそう呼ぼうと決めたことなのである。「真理とは，錯覚なのであって，ただ人がそれの錯覚であることを忘れてしまったような錯覚なのである。それは，使い古されて感覚的に力がなくなってしまったような隠喩なのである。それは，肖像が消えてしまってもはや貨幣としてでなく今や金属として見なされるようになってしまったところの貨幣なのである」（渡辺二郎訳，302頁）。

　人びとがみんなに共通の抽象作用による共通結果と見なしている諸概念は，「全く性質を異にするその他の真理」に対して科学の砦により守られた，「隠喩の残滓」なのである。これらは夢，神話，芸術の各真理なのであって，これらは「凝固した規則的な概念の織物」から生じているわけではないのだが，だからといって，合法性が劣るわけではない。これらの真理を信用する人は，概念の規則によってあらかじめ定められた言語を信用する人よりも騙されていないばかりか，「幸福のあまり魅惑されたように」生きるのだ。「偽装の名人」たる知性は「害を与えずに人を騙すことができる限り，自由で，そのいつもの奴隷奉仕を免れている」（渡辺二郎訳，311頁）からだ。実際，ニーチェによれば，害を蒙ることが，人間が欺瞞を恐れると言うときに真に恐れている唯一のことなのである。人間は誤った認識を避けはしないし，避けるのは「ある種の欺瞞の敵対的で醜い帰結」なのであり，しかも，人間が真理を欲するのは，生命の保存といったような，自らの好ましい帰結の「限られた意味」においてだけなのである。しかも，危険が存在しない場合には，人間はもはや理性的ではなく"直観的"であると自認できるし，古くさい言語を放棄することができるし，また，「仮象や美へと偽装された」生だけを，「歓喜に溢れた」真の「英雄」として現実的と見なすこともできるのである。

現実のもつ脆さや醜さを「見ようとしない」バロック期の要請が，ここでは，ありうべき一つの生活様式と化しているのであり，ニーチェによると，この生活様式はすでに古代ギリシャにおいて完全に実現されていた。すなわち，古代ギリシャでは，オリュンポス的な生活の夢が残酷な人間生活の徹夜祭に屈してしまっていたというのだ。「すべての樹木が実際妖精として語ることができたり，あるいは，牡牛の覆面の下に神が処女たちを引きさらってゆくことができたり，また，女神アテナ自身が突然姿を現し，美しい馬車を駆ってペイシストラトス〔アテナイの僭主。ソロンの国制と法律を重んじ，勧農と貧民援助を行い，後世から理想的なものと見られた。アテナイの海上発展にも意を尽くし，また文芸にも保護を加え，ホメロスの詩篇を編集させ，パンアテナイ祭を始めた〕の伴のもと，アテナイの市場を通り抜けてゆくさまが，見られたりする……といったようなことがあった場合には，夢の中におけると同様に，あらゆる瞬間に，いかなることでもが可能であり，かくして全自然が，人間の周囲に群がり，あたかも自然は，あらゆる姿に扮して人間を騙すことでもってただ冗談をやろうとする神々の仮装舞踏会であるにすぎないかのような観があるのである」（渡辺二郎訳，311頁）。

　逆説的なことには，人間が宇宙における辱められた中心性を回復するのは，騙されることを容認しながらも，正しい欺瞞を選ぶときなのだ。つまり，"真理"と呼ばれている隠喩の残滓ではなくて，夢，神話，芸術といった，自分たちを騙すものだと分かってはいても，同時に「絶え間なく流れ込んで来る明朗さ，晴れやかさ，救済」を人間に供してくれるものを選ぶときなのだ。では，正しい欺瞞を選んだ人間はもはや苦しまないのか？　いや人間はほかのものたち以上に苦しむ。なにしろ，非-合理の世界では，経験からはいかなる便益も得られないし，いかなる慰藉も見つからないからだ。しかし少なくとも人間は真理を所有していると主張することにより，欺いてはいないし，その苦しみは強いが，楽しみも強いのである。

　神々さえも騙したオデュッセウスは狡猾だったが，彼よりもっと狡猾だったのは，ホメロスの話や，ラエルテスの息子〔オデュッセウス〕の運命の転変や，（西欧人に知られているあらゆる哲学者のうちの最初の人たるタレスが主張していたところによれば）「到るところにいる」神々の存在を信じた人びとなのである。神話の欺瞞は快いものだし，これは歴史〔物語〕をつくった嘘の諸形態の内に数えられてかまわない。マキャヴェッリとて，君主に対して，実際にはあらゆる信仰に敵対していながらも，敬虔で信心深い振りをするように，と

勧めていたではなかったか？

悪意のない嘘，"思いやりから出た嘘"

　だが，歴史〔物語〕をつくった嘘に取りかかろうとする前に，一再ならず遭遇した嘘のタイプ，つまり，分類され，名づけられはしたが，論じられはしなかった，「善意の」嘘に若干の考察をしないわけにはゆくまい。これは前章において規定しておいたような，正当防衛というありうべき場合のことではなくて，明白な嘘なのであって，これに対しては真実，もしくは——この簡略な研究の中でわれわれの目的と首尾一貫させるためには——少なくともこの主張の真実らしさよりも上にあると見なされる一つの善という名称に訴えられよう。その範囲ははなはだ広くて，サンタクロースの存在から，末期病人の治癒可能性まで，ボールで破れた窓ガラスのひそかな取り替えから，冷酷な罪人だと承知の上でこの顧客の無実を主張する弁護人の声明にまで及ぶ。この範疇に入るものに，プラトンのいう支配者たちの嘘もある。ただし，それが温情主義の表現である場合に限られる。つまり，被支配者たちにとって情況に通じているのと，騙されているのとどちらがよりましかを知っていると主張する場合であって，ちょうど，子供がまだひどく幼いか，または子供の手に余る大きな状況をまだうまく切り抜けられないときに，代わってこの仕事を引き受けるのが当然の両親と同じなのである。

　先の諸章において示したように，過去数世紀を通して，「善意の」嘘をはっきりと許容した思想家の場合は稀にしか見当たらなかった。ただし，ギリシャ精神のさまざまな態度表明は別であり，その中では，プラトンのそれしか考察しないでおこう。アリストテレスははっきり表明していたように，彼が評価するのはいつも真面目な人物だけだし，ストア学派の人びとによれば，賢者に騙されている者だけなのだ。なにしろ，賢者は彼自身，騙すことを欲することはできないし，むしろ騙されるという罪を犯しているからである。

　中世になると，懐疑が持ち上がったし，17世紀のキリスト教は前の諸世紀における言表作用のもろもろの多様な意図にすでに表われている「内心の留保」を理論化しかつ体系化する。だが，それからグローチウスになると，幼児や理解できない者たちに嘘をつくことが容認されるのである。賛辞と禁止とでは，

カントとコンスタンとの対決を待たねばならないが、その後、ショーペンハウアーにいたると、自己および他人にとっての正当防衛なるテーマが見いだされることになる。ところで、弁護士、医師、ジャーナリスト、両親、恋人は、いかに自己規制すべきなのだろうか？

アウグスティヌスは、息子の死を知らされると病んだ老人が絶望のあまり死ぬようなことがあっても、真実がこの死に勝ると言っているが（*Mend.*, 5, 5）、この言ははたして受け入れられるものだろうか？ また、現代の両親たちがサンタクロースや、ミッキーマウスや、砂売りのおじさん〔砂売りが目に砂をかけると眠くなるという、おとぎ話に出てくる〕とかの存在を幼児たちに臆面もなく否定したとしたら、こういう非情さは許されるだろうか？

あるいは、極めて稀な、またははなはだ深刻な場合を除き、編集者の情報の出所を知る権利を国家に拒んでいるジャーナリスト団体の頑固さは許されるのだろうか？ または、自分で知った事実とは無関係に、任された側の成功の尺度で職業的能力を評価する弁護士の執拗さは許されるのだろうか？ あるいは、誇大な宣伝キャンペーンを行い、皺を消すとの幻想をちらつかせたり、押し出しをよくしたり、たぶん、幻想を抱けること以外には何も求めない者のために、キロ数を落としたり、遠慮をなくさせたりすることは許されるだろうか？ こういう問題ははなはだ現代的なものであり、そのことは、19世紀後半以後の倫理学研究者たちの関心や、もう1世紀後には、S・ボックの場合（1978年）のような、重要テクストの出現が証明しているところである。

『倫理学の方法』（*The Methods of Ethiccs*, 1874）という、「常識」を入念に検討したアリストテレスの方法論を踏襲している道徳論の中で、ヘンリー・シジウィックは、義務の分類に際して、「常識は結局のところ、あらゆる状況で真実を述べることを勧めてはいないようだし、また真実と見なされるべき信念が直接われわれの言葉から生じたものなのか、それとも直接の推論によりわれわれの言葉から派生しているものなのかを知るという問題を、常識がはっきり解決するようにも見えない」と主張している。シジウィックは後者の問題に入り込むことはしないで、19世紀末の社会で起きていることを考察するに留めている。多くの定型表現はそれらの元の意味を失ったし、したがって、「私は喜んでご招待に応じます」といったような表現を嘘と規定することはできない。もっとも、こういう表現を口にするときには、その招待をとくに煩わしいもの

と考えてはいるのだが。なにしろ，慣用表現は文字通りに受け取られることは決してないし，一般に広く認められているように，あることを言いながらも，ほかのことを考えるのも可能なのだからだ。

　カントは絶対的な真実性の義務を主張しているのだが，逆にこのアメリカの哲学者がわれわれに呈示している具体例の集成は，あまり見慣れないものではない。つまり，嘘が常識から要求されるのは，「儀礼」(code of honor) の名においてということもあれば，正当防衛によることもあれば，医者とか弁護士の場合のように職業上によることもあれば，社会の安定を危険に陥らせかねない真実を市民から防ぐ義務によることもある。「だから総じて」とシジウィックは結んでいる，「一般に受け入れられているような真実性の規範が，厳密な道徳基準に高められることはあり得ないことを省察は示しているようである。実際，われわれが本当に信じていることをどの程度まで他人に言うべきかに関しては，いかなる現実の合意もないのである。他方，いかなる情況でも絶対的誠実さを要求するのは，常識に反している以上，われわれとしては，かかる誠実さが要求されるべきではないときをはっきりと規定するような，二次的な自明の原理といったものは皆無なのだということに気づくのである」(III, VII, 3)。

　それからさらにシジウィックは，弁護士の場合について述べている。この場合には，常識では「はなはだ生真面目な」したがってあまり職業的ではないとされるのは，「間違っていると分かっていることを言うように要求されてもそのことを言わない弁護士」ということになろう。そして，注の中でこう述べている。「弁護士はたんに他人について虚偽の主張を《繰り返す》だけだと言ってはいけない。なぜなら，彼の弁論の力全体は，こういう主張を引き受ける能力，そしてこれを活用して，少なくとも当座は真に自分のものであるかに見えるようなテーゼを主張し通す能力にかかっているからである」。

　これらのテーマは急を要するものなのだ。なにしろ弁護士の嘘とともに，医者の嘘，とりわけ，「国家の」嘘も——法律により義務遂行のために嘘をつくことを要求されている弁護士の場合の嘘は，こういう嘘には属さないことを認めるにしても——"常識"からは正当化されるからだ。だから，次章の論証に立ち入る前に，医者たちや，彼らの「思いやりから出た嘘」に少しばかり拘泥するのがよかろう。

ドクター，本当のことを言ってください

　1999年10月に刊行されたイタリア世論調査研究所（Astra / Demoskopea）のアンケートによると，100人中10人のイタリア人だけが医者をもっとも嘘つきのプロと考えている。ほかの90人は医者よりもむしろ，政治家，ジャーナリスト，商人，さらに一般には「インテリの人びと」や警察官を責めたがっている。医者を信じたがらないのは，われわれの生命がたとえ犬歯とかエウスタキー管（耳管）しだいであるにせよ，医者の手に握られているとの口実からなのではない。そうではなくて，医者を疑うのは自分の母さんを疑うようなものであるし，医者を変えるのはボーイ〔ガール〕フレンドを変えるのと同じくらい心的外傷を引き起こすのである。それでも，高価な検査が真に必要かどうか自問して，それをやらなかったような人がはたしているだろうか？　また，酒，タバコ，その他の楽しみを禁止するのを聞いて，反抗の動きをしなかった人がいるだろうか？　医者と患者との関係は線状的なものではないが，ここでは，グルメの反抗とか，あれこれのクリニックでなされた検査につき歩合を受け取る医者の騙（かた）りとかを話題にはしないでおこう。われわれとしてはむしろ自問したい――患者が自分の健康状態についてあらゆる真実をいつも知るのは正しいことなのか？　と。

　むかしのごまかし――病人よりも両親と話すこと――は，社会関係の複雑さゆえにますます難しくなってきている。たとえば，病人がいわゆる「大家族」の一員だとしたら，誰が医者と話すのか？　第一夫人，第二夫人，当座の情婦？　長男，まだ元気な父親，第二夫人の初夜の息子（家族には属さないが，彼本人が医者である）か？　また他方，孤独な病人の場合もよくある。つまり，ひとり暮らしのせいで孤独なのか，実際にひとりであるせいで孤独なのか，――誇りとか，恥とか，要するに，ほかのきちんとした理由で病気を近親者に知られたくないため――選択のせいで孤独なことがよくある。この問題に加わるものとしては，他人の経験を活用して，遺族からの予見される死への非難や告発を先回り――ただしあまり早くもなく，さりとてあまりはっきりとでもなく――しようとする医者の熱意がある。このように，車体やモーターの状態について，その後の責任を引き受けることもなしに，意見を述べる技術者たち（治療は

「試し」だし，手術は「不可避」だし，診断は「仮説」である）を面前に持つとの印象を人が抱くとしたら，「なんとしても嘘」を支持する人びとには，明々白々さのコントラストがはなはだやりきれなくなる。とにかく，そういう人びとだって存在するのだ。

　職種を守ろうと欲する人，しかも，病人がいちばんに知って，したがって，病気の進行に備える権利があると主張する人に直面して，われわれには，論文『嘘について』(1942年) の著者ウラジーミル・ヤンケレヴィチの言葉があるのだ。彼は「医学における嘘」(Le mensonge en médecine) に関してのセミナー（後に，雑誌 Médecine en France, n° 177に掲載された）において，重病人を保護し，守り，希望——もちろん，偽の希望だが，とにかく希望である——を患者に与えてその苦痛を軽減するために，患者に嘘をつく義務を主張していた。ヤンケレヴィチは真実を言う医者を，部屋に隠れているパルチザンをゲシュタポ〔ナチス・ドイツの秘密警察〕に引き渡す密告者に較べ，そしてさらに，「数カ月のうちにあなたは死ぬでしょう」と断言するものは，嘘をつける者以上に嘘つきだと主張している。なにしろ，前者はこう断言することによって，病人に自己の無力を転嫁し，恐ろしい真実性の下により深刻な真実——「わたしにはあなたを治す術(すべ)がありません，私はとにかくこれまで保ってこられた数カ月を超えてさらにあなたの生命を延ばすために何もしてあげられません」——を隠すことになるからだ。

　こういう立場は孤立しているわけではなく，最近も再提唱されてきた (Caffi, 2000)。しかもそこには，他人の苦痛は知り得ないという心理学のテーゼも加わったのだ。したがって，少なくとも，手控えることが要求されるであろう，——苦痛を鎮める目的で行動するのでなければ。どういう意味か？　誰も騙されることを喜びはしないということである（こういう動機づけは多くのモラリストたちも，真実性への普遍的権利を主張するために用いている）。ただしときには，誰かがわれわれをうまく騙すことが有益なこともある。それは，われわれを騙す人しだいであり，その人の行動の理由しだいであり，その人が浴している共犯関係しだいである。病気はどうか？　病気は孤独に体験されるか，それとも，愛情深く欺瞞と慎みを配合する術(すべ)を心得ている人の世話を受けているかで，異なってくる。問題はおそらく医者のそれではあるまい（むしろ，医者たちでさえ騙されるのだ！　仮病という病理学については，直接われわれは

立ち入らないでおく。Vender (1997) を参照されたい。)
　また，サンタクロースは？　これはマジックなのだ。もし存在するなら，トリックスターに決まっているし，存在しないのなら，直接第5章に跳んでもらいたい！

第4章　歴史〔物語〕をつくった嘘と騙した真実

法律に照らして嘘をつく

　人によっては，法律用語そのものが嘘っぱちと思われている。証人をどうして「第三保証人＊」と呼ぶのか？　どうして「既述したように」と書く代わりに，「前条に則し」という形式ばった文言を用いるのか？　ヨーロッパ市民なら，中学校の成績表に子供の体育の評価を眺めると，「基本的な運動の強化と調整（運動能力，表現運動力）」とあるし，誰でもここに厄介な表現に訴えて自衛しようとしたり，曖昧な用語の連続を合法的な厳密さに結びつけて，専門的な準備のできていない聴衆なり読者なりを不如意に陥らせるといった，脆弱な力を見て取れるものである（この点については，Mortara Garavelli の近著（2001年）を参照）。だがここでわれわれが扱おうとしているのは，法律家にはっきりと要求されている，別種の嘘である。前世紀中葉でも，「あらゆる場合に真実を言う権利と義務」（Del Vecchio, 1952, p. 44）を思い出したり，あるいは，嘘に頼るよりもむしろ沈黙の必要性——秘密を保ちながら，しかもそのために嘘をつかないという義務——を主張したり，「聖なる真実を決して裏切らない」でおこうとするマンゾーニの処世訓（Del Vecchio, 1952, p. 63に引用された，『カルロ・インボナーティの死に際して』 *In morte di Carlo Imbonati* 所収）を敬うよう招いたりしている，法律家たちの本文を読むのは感動的であるにせよ，同時に，人はほかの多数のページによって憤慨せずにはおれないのである。

　あまりばか正直にならずに，忘れてはならないことは，裁判官は真実に即してではなく，権利に即して裁判する義務があるということだ。だから，「訴訟行為には真実の義務は存在しない」（Danovi, 1992, p. 251）ということを読んでも驚くには当たらない。最高裁判所（破毀(はき)院，1971年6月21日，第1931号）の決定によれば，（1940年の）民事訴訟法第88条は当事者および代理人とも，裁判

＊　イタリアの法律用語によっては，日本語にマッチしないものもある。したがって，場合によっては翻案した箇所がある。（訳者）

に際し「忠実かつ誠実に」行動することを義務にしているが，どちらかの当事者が真実に即して事実を主張する義務があると定めてはいないし，ましてや，当事者が相手側弁護士に役立ちうるような文書を自発的につくりだすことを強制したりしていない。「真実の義務」がはっきり現われるのは，規律の視座からに限られる。つまり，弁護士は裁判の権威へ特別な措置を要求している以上，こういう措置が前提とする特別の事実に基づいて真実を言う義務があるのはもちろんだし，規律の責任を負うているのである（家賃の支払いでは，弁護士は遅滞による立ち退きを要求するだろうし，真実の証拠をもってこういう遅滞の続いていることを明言するであろう）。

　当然の結果として，司法官の職業倫理規定第14条の「真実の義務」ではこうある。「裁判における言明で客観的事実の有無に関係があり，司法官の措置に特に予想されるものは，事実でなければならない」（「司法官職業倫理規定，Ⅰ──職業倫理規範」，1986年）。本条は1997年4月17日の司法官国民会議で確認され，二つの注が加わった。「弁護士は偽の証書もしくは文書を故意に用いないものとする。殊に，弁護人は調書を取り上げることはできないし，また偽と知っている事実についての情報通の証明または言明を利用することもできない」し，第二に，「弁護士はすでに得られた措置とか，要求された措置の拒絶とかを，同じ事実状況の想定に関して懇願ないし要望を受けた場合には，言及するものとする」（「職業倫理規定」，1997年，pp. 8-9）。

　事実が義務づけられるのは，主張の名において規律措置，制裁，要するに，司法官の介入が要請される場合だけなのだ。弁護士の言葉が何らの司法行為をも派生させない限りは，職業倫理は漠然とした"忠誠"（誰への？　顧客への？　国家への？　真実への？）しか，そして"誠実さ"しか要求していない。

　それに引き換え，司法官が介入するかも知れない場合には，弁護士にははなはだ本質的かつ純真な「真実の義務」が要求されるのである。注意深い読者なら，もうこの区別には慣れておられようから，ご自分で「真実性の義務」を訂正されることであろう。こんなことは弁護士なら笑いつつ訂正するだろうが，それは「真実について」ではないのだ！　もっとも，真実とは，哲学者たちが話題にしている事物と知性との等式ではなくて，「法的真実」のことなのだが。これを正しく規定すれば，「社会的便宜から受け入れられている，誤謬と真実との間の，第三の次元」（Danovi, 1990, p. 257）となる。つまり，証人の証言の

結果や，文書（1997年の「規定」が正当にも明記しているように，偽であってはいけない）の調査の結果から出てくるものなのであり，諸事実の展開とも，それらの正しい，誤った，もしくはひょっとして不可能な解釈とも一切無関係なのである。

したがって，どの訴訟も「虚構の」真実——これは当然ながら，真実と規定されてかまわない。弁護士たちや裁判官たちに周知の諸事実の内部に限定されうるからだ——に働きかけているわけだ（ここからして，1997年の第二の注記が出てくる。つまり，先例は隠されるべきではないという規定が）。こういう虚構的真実に基づき，法規の概要や法律学をその他の技術ではほとんど到達できないくらい精密に適用することにより，しっかりと判決が下されるのである。社会保険局の書き間違いとか，駐車禁止の誤解とか郵便窓口への5分の遅刻とかで，すでに大損したことがおありだろう。この場合，あなたがぶつかった王国には，厳格な規則があり，それは誰のことも考慮には入れていないのだが，それでも固有の反駁不能な真実は備えているのだ。一種の仮想世界なのであり，そこでは，プレイする人がそのプレイをつくり出し，規則を定めた人でもあるのであって，しかも曖昧さや矛盾の余地はないし，例外や同情の余地もないのである。

たぶんこのせいでほとんど皮肉のように見えるのは，「欧州弁護士たちの職業倫理規定」（1988年ストラスブルクで承認された）である。曰く，「弁護士はいかなるときにも裁判官に対して，偽の情報または彼を誤らせうるような情報を故意に供してはいけない」（第4条第4項）。「法律的真実」の内部では，法の代表者は立法者たち，弁護士たち，判事たちによって練り上げられたこの「真実」の前提と対決するようなことをしてはいけないのである。

嘘をコントロールする

またしても，「残るのは沈黙である」。実際，別の次元で動いている人の言葉は，もはや嘘か真実かを担っているのではなくて，職業的義務に支えられたテーゼのプロ（pro）かコントロ（contro）かという要素を伝えているだけなのであり，いかなる真実性とも無縁なのである。こういう仮想王国がその判決を下すために，情報世界といったような，もう一つの虚構世界にぶつからざるを得

なくなるとき，いったい何が生起するだろうか？　はっきりさせておくが，われわれは"虚構的"という用語を軽蔑ないし偏見から使用しているのではなくて，本書の冒頭でも述べたように，別の観点から語られた現実断片から「構築された」，「つくられた」ものの意味で用いているのである。よくも悪くもないのであり，たんに各人の日常とは「別」というだけのことなのだ（これは今度は，隣人にとってはまた「別」なのである）。そして，これが真よりも真であると言い張るときにだけ，いささか厄介になる。げんなりするテレヴィの実録番組〔警察密着取材など〕とか衝撃的な実態調査に慣らされていて，われわれは世間の小部分として呈示されるこの種の"モナド"（単子）を疑うようになっている。これがライプニッツが記述した最単純実体のような，世界全体の鏡ではあるにせよ。

　立法者による妨害は古くからあり，検閲は全体主義体制の特徴でもなく，スペインの異端裁判所の発明でもないと主張しても，それほど斬新なことを言っているとは思われない。いかなる政府，いかなる立法にも，それぞれに検閲形態や自己検閲への強制形態があったのである。論より証拠，プラトンが『国家』の中で詩人たちのために通告していた陶片追放とか，ホメロスの若干の詩行の削除でも明白だ。より巧妙に行われたのは帝政ローマである。あるいはまた，悪魔的な聖・俗の産物は宗教裁判所で生じた。でも，とうとう印刷出版の自由が訪れる。最初は"立憲"ピエモンテ州において，次に統一イタリア全土において。1848年2月12日のトリーノで発布された憲法の第11条に曰く，「印刷出版は自由とする，ただし，抑制の法規に従うものとす」。権力者は，自由な印刷出版の権利を操ることもできれば，弾圧するために自らの権利を操ることもできることになる。一カ月半後に出た『印刷出版に関する法令』（*Editto sulla stampa*）では「有用な思想のありとあらゆる善き伝達のための主な手段」として印刷出版が定義されているが，「自由の行使も放縦に堕するときは好適とはならなくなる」から，「この自由の行使にわが国で課せられるべき規定をわれらは設けることとした」（『印刷出版に関する法令』，1848年3月26日付）と精密化されている。言葉と印刷出版の自由を警戒する箇条は，サルデーニャ王カルロ・アルベルトの自由憲章を成している本文のうちに91カ条も含まれている。

　この憲法にある「ただし」（ma）という反意接続詞（印刷出版は「自由とする，ただし……従うものとす」）にすっかり含まれている逆説，これこそは，

二つの仮想世界——法の世界と情報の世界。二つともそれぞれが独自に，真の中にあり，しかも自由の限界を認識していることを確信している——の間の困難な出会いに絶えず付随してやまないのである。その証拠は職業上の秘密という旧来の問題であって，これに関しては，1988年の刑事訴訟手続きの新法，第200条が述べているとおりである。つまり，弁護士，司祭，医師，公証人，その他，職業上の秘密に拘束されている人びとと同様に，名簿に載せられたプロの記者たちも証言することを強制されない（臨床医や広告業者はどうだというのか？　彼らにとっては，秘密など存在しないではないか！）。記者たちは「職業の遂行上，内密の情報を入手してきた人物の名前に関しては」証言を義務づけられていない。さりとて，国家や公共の福祉にとって危険な，関心を引く情報源を隠したジャーナリストに対しての裁判が記憶にないわけではない。これは可能なのだろうか？　もちろんだ。なにしろ，先に引用した条項にはこう続いているからだ。「ただし情報が訴訟を起こされている犯罪の証明手段に不可欠であり，その情報源を突き止めることによってしか情報の真実性が確認され得ない場合には，裁判官は当の記者に情報源を暴くことを命ずる権利を有す」。

この法律が職業上の秘密を認可しているのは，公共の利益で規定された範囲内においてのことなのである。議論すべきことだし，議論されてもきたことだが，これは判例が証明している事実だし，また権力と情報との間の解き難い結びつきを想起させずにはおかない事実でもある。

免許証——何度も言われることは真実となる

権力の保持者は情報を通常コントロールすることにより，ピランデルロの『免許証』(*La patente*) と題した短篇小説の教訓がよく分かる。つまり，確信をもって繰り返されることは，真実と見なされるのである。この素晴らしい短篇小説が語っているのは，キアルキアロ〔明々白々〕氏と争っている正直者の裁判官ダンドレーアの苦悶である。キアルキアロという名前からして，彼の評判へのからかいとなっている。つまり，彼が現われるか，会話の中に取り挙げられるかするだけで，イェッタトーレ (iettatore, 字義は不運を「もたらす人」) と村全体で彼は見なされているのである。この人物は閉ざされた環境全体——小村，若者集団，役所，そしてもちろん大劇場のボックス席——の中

では周知なのである。ところで，このキアルキアロ氏は出所の分からない噂，やりとり，符合に憤慨して，彼が通りかかるやはっきりと彼に厄払いのしぐさをする二人の若者を訴える決心をするのだ。中傷の重荷から解放されるためではなくて，この侮辱的な孤立化を利益，力の行為に変えるためである。

　法律はロザリオ・キアルキアロの「不運をもたらす人」の役割を公式に言わば認めることができたとすると，彼のほうはとうとう金持ちや権力者になる手段を見いだすために，彼が近づくか遠去かるかする人物が犯人か，または犠牲者となるのに応じて，この同郷人から"税金"を天引きすることになる。不運をもたらす男の評判は（裁判官たち本人からも確認される。ダンドレーアがこの件を取り上げるや否や，彼らは隣人たちに両手の指で角の格好をして見せ，鉄にさわり〔危険やたたりを避けるためのまじない〕，彼に黙るよう懇願する）このキアルキアロを破滅に至らせてしまう。ところが，今や同郷人たちの盲信そのものが，逆に彼の資産をつくり上げることができるかも知れないのだ。唖然とした裁判官の前に，ロザリオは特別に彫り上げた"イェッタトーレ"の顔をして現われる。「彼はくぼんで黄味がかった頬にもじゃもじゃのひげを伸ばし放題にしていた。鼻には金縁の大きなめがねをかけていた。そのため，まるでフクロウみたいに見えた。さらに，すべすべした，灰色がかった服を羽織っていたので，どこから見ても彼をふくらませていた」。お人よしの裁判官は彼に告訴を取り下げ，見過ごして，これ以上はっきりと村の物笑いになるのを避けるように説得しようとするのだが，それでもキアルキアロの目的は，村人の中傷から出たただ一つのことを間違いなく公表することにある。「みんな，みんながそう信じていやがるんだ！　しかもこの村は賭博場(カジノ)だらけなんだ！　俺が顔を出すだけでいい。何も喋るには及ぶまい。俺を追い払うためなら，奴らは金を払うだろう！　それから工場全体の周囲をうろついてやる。ありとあらゆる店の前に立ってやる。そうすりゃ，みんな，みんなが俺を追い出すために税金を払うことだろうぜ」。

　この目的のため，ロザリオは自分の驚くべき力を公式に認めるような書類が必要なのだ。彼に残っている唯一のこと，それはこの「極悪な人類」から蒙った意地悪な所業だけである。この書類があれば，彼は「不運をもたらす人」（イェッタトーレ）の職業を実行して利益を得ることができるであろう。「そうだとも。俺だって免許証が欲しいんだ，裁判官さん！　『不運をもたらす人』

の免許証が。印紙付きの。いっぱい法定スタンプを押したやつさ！　陛下の裁判所から認可されたイェッタトーレさ」。

　ロザリオ・キアルキアロの逆説的な要求が極端に駆り立て，したがって，明白にしているのは一つのはっきりした事実なのだ。つまり，世論が真と認めているのは，主張されていることの不条理さとは無関係に，言われ，繰り返され，そう信じられていることなのだ（イェッタトーレは存在するだろうか？　ここの数行を読んでお呪いでもやらかそうとする人こそ災いあれ。そして，諸賢の脳裡にすぐさま浮かんだ二，三人の名前を脳裡から抹消されたい）。それでも，こういう軽信が，その主人公や犠牲者になっている人の上にもろもろの悲劇的な結果をもたらすかも知れないがそんなことはあいにく関係のないことである。

虚偽の力

　これはウンベルト・エコの日伊では未刊のエッセイ集 *Serendipities*（Eco, 1999）に収録された一つのタイトルである。"セレンディピティー"とは，人が探してもいなかったとき，あるいはむしろまったくほかのことに没頭していたときに何か貴重なものを発見することを言い，元はセイロン島の旧名（セレンディプ）やH・ウォルポール（1717-1797）が読んだ物語『セレンディプの三人の王子』――これら主人公が探してもいなかったことを次々と発見していく――に由来する。もっとも著名な例は（インド諸島の航路を探していた）クリストフォルス・コロンブスによるアメリカ"発見"であるが，人類全体の歴史は，偶然による発見や，誤った理論の証明で得られた科学的発見や，人類の幸福の追求とは無縁だった天才の企てでちりばめられている。"セレンデピティー"の特別な場合は重要性を帯びるし，われわれの歴史では，虚偽であると判明した文書，概念，観念が最終的には，そういう重要な結果に終わっているのである。ピランデルロの短篇小説の場合のように，偶然から，しかも権力機関により或る信念の反復が頻繁に行われると，その真実性への盲信が生じさせられるのであり，こういう汚染された情報が歴史の流れを逸脱させてきたのである。

　こういう事件の原因が嘘の力にあることは，すでに本書の第2章で提示しようとしてきたことである。つまり，いかなる虚偽の話も故意に「でっち上げられ」ており，そういうわけだから，こういう話はほんとうに生起した事実より

もはるかに信じられうるのである。さらに、このことは一つの重大な問題を提起する。つまり、クリストフォルス・コロンブスをアメリカ航路へと駆り立てた信念は、後からは (a posteriori) 間違っていたと言明できるが、その当座ではそうできるだろうか？　その当座は、海路からインド諸島に到着できると信じた者に対して感謝することしかあり得ない。歴史的事件を検証する最高裁判所として Ch・S・パースが見なそうとしていた「共同体」(the Community) の行動は、遅く、集団的、公開的であり、したがって、いつも遅滞しており、定義上、イデオロギー的影響から解放されてはいない。

　エコの立場は明白だ。「教養人の第一の義務は、いつも〔知の〕百科事典を書き替える準備をしていることなのである」(Eco, 1999, p. 21)、したがって、自ら疑い出したり、新しいパースペクティヴ——ときには13世紀の取るに足りないたんなる事実に限られていたり、ときにはまったく革命的であったりする——を抱いたりすることを引き受ける用意をしていることなのである（そして、宇宙が存在しなかったとしたら？　この質問は、地球の球体性や太陽の周囲の回転に関してわれわれの祖先たちがひどく頭を悩ましてきた懐疑よりもっと重大である）。しかも、これらの事実は周知であるとはいえ、少々不安を誘うものでもある。

　『コンスタンティヌス帝の寄進状』が偽書だということは周知である。だが、何人かの知識人が疑念を呈したにもかかわらず、ロレンツォ・ヴァラによる反駁 (*De falso credita et ementita Constantini donatione declamatio*, 1440) までは誰もこれに没頭することはなかったのである。この文書は313年（コンスタンティヌス帝の勅令の年）のテクストとして提示されたものであり、この中で皇帝は当時の法王シルヴェステル1世にイタリアおよび西欧の地方一円を贈与していたのだが、これが書き上げられた目的は、さまざまな時代の様式を模倣する修辞的練習に励むということでしかなかったに違いなかろう。だが、754年にステファヌス2世によって異議の申し立てがなされることになったこの小文書が法王領の出現を合法化したのであり、後者の歴史や、それが及ぼしたその他のもろもろの歴史への影響は周知のところである。

　いわゆる『プレスター・ジョンの手紙』は確かに偽造であり、そういうものとして知られているが、これはフリードリヒ1世の宮廷で反ビザンティン文書として編まれたものである。この『手紙』では、不確かなプレスター・ジョン

第4章　歴史〔物語〕をつくった嘘と騙した真実　99

なる者が地球の端に位置するその王国のいろいろの驚異を描写している。そこでは人びとは未だにマナ〔エジプトから脱出したイスラエルの民が天から授かった食べ物〕を食べており、500年も生きながら、魔力のある泉の効用により、みんなが100年若返り続けている。とりわけ、彼らはみな誠実、忠実で、信心深いのだが、そのわけは、プレスター・ジョンの王国では「悪徳は力を持たない」からだという。

　この『手紙』は17世紀になっても翻訳されコピーされた。これはキリスト教徒を東方へ派遣することを合法化できたのだった。かくも神聖な王国に合体するために、西欧と極東の間に介在していた異教徒たちを取り除こうと望まないわけがなかろう。ムスリムたちの手に落ちた聖地を奪回するために、プレスター・ジョンに同盟者を見いだしたいと望まぬわけがない。キリスト教世界がまずアジア、次にアフリカを植民地化しに取りかかるためのアリバイを見つけたのは、プレスター・ジョンが自国を訪れて、全キリスト教団（christianitas）を統合するようにと招待したのである、という名目からだったのである。

作者の偽造

　また、プトレマイオスの、誤りもはなはだしい体系が演じてきた役割についてはどういうべきか？　それはダンテの「天堂篇」の構造にばかりか、フェニキアの航海者たち、赤毛のエリック〔10世紀のスカンジナヴィアの航海者。グリーンランドの発見者〕、われらがクリストフォルス・コロンブスのガイドにまでも及んでいる。それだけではない。この誤った体系のおかげで、世界は緯線と経線に下位区分されたし、これらは今なおわれわれにたいそう有益なものとなっている。究極の、魅力的な虚偽を一つ。地球は丸いという考えに教会が反対していたと言ったのは誰か？　まさしくウンベルト・エコのエッセイの諸ページでは、ガリレイの時代に「太陽中心説を受け入れるのを拒絶したことに怒った」19世紀の実証主義者が、地球は平たいという考えをもキリスト教の思想に帰したのだ（Russell, 1991）、と述べられている。実際、キリスト教ラテンの作者ラクタンティウス（260-325）は地球を"箱型容器"と描写している。なにしろ、丸いとされる地球の上で住むとなれば、「頭を下にして」歩かざるを得ないが、そんな人間の存在は考え浮かべることもできないからである。また、6世紀には「インド航海者」コスマスなる地理学者が、地球の平らな"床"を覆うアーチで飾られた、長方形の宇宙

を描いている。ただし，これらのテクストは教会の強情な反科学性の印として19世紀に持ち出されたものなのであり，中世のキリスト教世界からはまったく考慮されていなかったし，中世キリスト教世界はラクタンティウスの考えに関知しなかったし，また，コスマスの著作は1706年になってやっと発見され刊行されたのだから，これを知らずにきたのである。

　教父たち〔9世紀までのキリスト教神学者たち〕が知っていたのはむしろ古代人たちの意見なのであり，ピュタゴラスからアルキメデス，パルメニデスからプトレマイオス本人に至るまで，みんながほぼ異口同音に地球は丸いと言っていたのであり，したがって，教父たちはことによると，こういう考え方を聖書の中にほのめかされていた考え方と統合させるのに困難を感じていたのである。聖書では，聖櫃（せいひつ）の形，地上で「巻き取られた」天の形（「天は巻物が巻き取られるように消え去り」『ヨハネ黙示録』6, 14），台地の端に見える境界の形が言及されている。だが，このことはギリシャ・ラテンの教父たちも後にそうなった，解釈学の専門家たちにとってはまったく問題ではなかったのだ。ひょっとして，聖書が一つの大いなる寓意と読まれねばならなかったのだろうか？　またとりわけ，地球の形のような議論が，むしろ霊魂を救済する途を見いだしたり，神の深淵な本質を探究したりすることに没頭すべきだった人びととの論争を占めることがはたしてできたであろうか？

　たとえば，アウグスティヌス（後にガリレイが「ロレーナのクリスティーナ宛の手紙」の中でも彼も引用しているのだが，聖書が教えているのは「人はいかにして天国へ行くか」であって，「天国がどうなっているのか」ではない）がそうだし，セヴィーリャのイシドルスも同様であって，彼は赤道の長さを計算することまでやっている（平らな地球が赤道をもっているのか知ら？）。ダンテにしても同じであって，彼は地獄のトンネルを出て，煉獄のふもとに――しかも，少なくとも丸くなった地球の別の側に――いるし，また，アルベルトゥス・マグヌス，トマス・アクイナス，ロジャー・ベーコン，ローマのエギディウス〔1243頃-1316〕，ニコル・オレーム〔1320頃-1382〕，ジャン・ビュリダン〔1295頃-1358頃〕とても同じなのである。それではなぜ，当時のカトリック学者たちはコロンブスの企てに反対していたのか？　理由があったからだった。つまり，地球は丸いこと，それでもあまりに広すぎて，コロンブスのカラヴェル帆船〔三本マストの快速船〕では一周できないことを認めてはいたのだが，このことを完全に彼に譲歩して

第4章　歴史〔物語〕をつくった嘘と騙した真実　101

認めたわけではなかったのである。逆にコロンブスはといえば，間違って，この企てが成就できると主張していたのであり，そして出発したのだった。(学者たちが予見していたとおり) 彼は地球を周ったのではなかったのだが，アメリカを発見した (このことは誰も予見していなかったことだった)。「サラマンカの学者たちは正しかったのだが，間違っていたのだ。そして，コロンブスは間違っていたのだが，その誤りを信念をもって追求し，ついには正しいことを立証したのだ——"セレンディピティー"のおかげで」(Eco, 1999, p. 7)。

虚偽が法となるとき——法的擬制 (fictio juris)

　反対に，法の歴史において擬制が演じた役割——この種の特別な擬制 (「法的擬制」と呼ばれている) は，おおまかには，自らには属さない結果を生む原因として，もしくは実際には欠如しているが，法そのものの内部では，法によって要求される，ある要素の存在を擬制的に証言する行為として規定してかまわない——は，運命の戯れではない。奇妙なことに，ローマ法は「法のもろもろの擬制」(fictiones juris) を「有用なもろもろの行為」(actiones utiles) なる項目の下に分類していた。つまり，元の目的に完全に合致しているわけではないが，類似の目的から用いられた，もろもろの行為なる範疇に入れられていた。現行法が予見しなかった事例を規制しうるようにするためである。有用な (utiles) とは，まさしく教父神学が「思いやりから出た」嘘とか，「善意からの」嘘を話題にしているのと同じなのである。

　もっとはっきりさせるために，有名な一例——「コルネリア法」(lex Cornelia)——を援用しよう。西暦紀元前84年から81年にかけてのスラの独裁制の下に打ち立てられたこの法律では，捕虜として死んだ市民は敵の手中に陥った瞬間，つまり，自由の最期の瞬間に亡くなったものと見なされる，と定められていた。しかもさらに，祖国に帰還することに成功した市民は，その捕虜としての期間をなきものと見なすよう定めてもいた。これはどうしてかというと，戦争の捕虜たちから，この法は一切の市民権を剥奪していた (capitis diminutio maxima「頭格大喪失」による) し，したがってまた，遺言書を認める権利とか，以前に作成しておいた遺言書の有効性を主張する権利も剥奪していたからである。こうして「コルネリア法」は，捕虜になったローマ市民や，その

家族に，別の法によって剥奪されていた権利を二つの擬制を介して——つまり，捕虜にされたことの代わりに死ということを置き，また，自由になった市民から捕虜にされた期間を抹消することにより——返していたのである。

　だが注意して頂きたい。"擬制"の過程は"類比による"過程なのではないのだ。前者の場合には，拡大しようとする規範の範囲（ratio）は何が起きようとも守られねばならない。なにしろ，引用した場合では，擬制の目的は捕虜からその市民権を剥奪するかもわからない，こういう範囲（ratio）をうまく回避することにあるからだ。これははたして必要な過程なのか？（ローマ人たちの場合におけるように）現存の権利への絶対忠誠を守ろうと欲する場合とか，あるいは英国人の権利の基本法を統合していて，とりわけ14-15世紀には「法的擬制」だらけになっている慣習法（Common Law）の場合におけるように，若干の既存の規制では判断がつかないような場合とかでは，然りであるように思われる。擬制は「法の進歩を促進した」し，「それは学問が諸問題に真の解決をもたらすだけの十分な力をもっていなかった時代に，この進歩を可能にさえした」のである。もしもこれら擬制がなかったとしたら，多くの法的な革新ははるかに遅れてなされていたであろうし，あるいはまったくなされていなかったかも知れない（Todescan, 1979）。

　だが，法の網をくぐるよりも，法を廃したほうがましではないのか？　バビロニア人たちに目をやると，彼らは西暦紀元前15世紀にすでに，ヌジ市において（封土の譲渡不能性という障害を克服するために，養子縁組という，実際上，売り渡し証だったものに訴えることにより）ハンムラビ法典を回避することを学んでいた。だが，近代では？　18世紀以来，慣習法の法律家たちは（ジェレミー・ベンサムも激しくなじっていた）擬制を自ら回避し始める。フランスの民法体系でも擬制が用いられることはもう稀になっているのだが，しかしたとえば，"法人"の規定のような，若干の場合には，擬制（fictio）の解決が不可避なものとして残っており（Bettetini, 1999），法人は一種の虚構人格（persona ficta）として，つまり，具体的人格を備えているが家族関係をもったり，犯罪を犯したりする，等の可能性といったような，具体的人格の特徴は一切もたないものとして，存在することになる。もちろん，今日では「法人」なる用語が指しているのは，もろもろの規則や定款の一式だということは突き止められるのだが，少なくとも，この用語上の問題提起では，擬制（fictio）が痕跡を

第4章　歴史〔物語〕をつくった嘘と騙した真実　103

残したのである。そして，今日でも応用されている法的擬制の例は，痕跡以上であるし，そのうちのもっとも明らかな場合は，遡及性である。これは共有相続権の分割や，教会結婚式ですでに祝福された，イタリアの協   約で定められた権利の場合に授けられる，民事婚の価値や，契約無効の確認やに関係してくる。とにかく，ほかには適用の方法がないような権利を，擬制が助けることになるのである。他方，法的な評価と，あるがままの現実において立証可能な事実要素との間にいかなる結びつきも欠如していることについては，すでに前章でも述べておいたのではなかったか？

歴史と嘘をもう一度

　虚偽の力についてもう二言。われわれが話題にしてきたのは，「わざとらしくない」，または少なくとも権力を目的に部分的に用いられるだけの虚偽や，権利の適用に役立つ虚偽であった。さて今やわれわれは歴史〔物語〕の悲しい主人公たる暴力行為としての，中傷や欺瞞についてより詳しく語らないではおれない。陳腐なことや，無用な愚痴を避けるために，書誌には若干のテクストを引用するだけに限定し，キリスト教徒や共産主義者を次々に子供食いと記している多くの書物に任せよう。あるいは，公的な写真から若干の人物が"消え失せたこと"をあからさまに示している本とか，もっとも生産的な活動の一つ（つまり，中傷）に関する資料を寄せ集めているだけの本に任せよう。一人の敵，一つの敵対的な人種ないし国民を排除するための理想的な武器として，中傷にはひとりでに広まり，それを振りまく張本人に正直な気分を装わせるという利点があるし，そして，すっかり偽りと判明した場合——はなはだ稀であるが——でさえ，この疑惑や嫌疑の影を被中傷者から決してぬぐい去りはしないという利点もあるのだ。この影のせいで，被中傷者はもはや決して公職を遂行するのに適任者ではいられなくなるだろうし，そればかりか，彼本人，家族，身近にいたごく少数者たちにも，永久に中傷の印が残ることであろう。

　疑惑や，これと同時に怒りや，さらには，収まっていた恨み・はっきり明言されることのない嫉妬・身代わりの山羊を必要とする復讐欲の再出現，これらを爆発させるためには，つまらぬこと，一瞥，ほんの一言，修辞疑問だけで十分なのだ。ソクラテス，ボエティウス，ザヴォナローラ，モア，彼らはまさし

く中傷のせいで死んだがゆえに不朽となった，有名な犠牲者たちである。だが，どれほど未知の人びとがいることか。肉体的には殺すことができるのに，殺さないとしても，生活，家族，然るべき平穏や自信を失墜させてしまう集団暴行（モッビング）の犠牲者たちは今日どれほど多くいることだろう。中傷するのは難しいことではないし，『オセロウ』の中でもそれは読んだところである。嘘をつくまでもなく，われわれに実際に振りかかった周知の出来事に特別な読みの鍵を与えたり，言葉と事件とのつながりをほのめかせたり，すべてが手直しされているシナリオを――いつも仮定の保護の下に，しかし同時に疑惑をほのめかせたうえで――再構成したりするだけで十分なのだ。ほかにも有名な名前はいろいろと心に浮かぶが，われわれのさもしさを知りぬいていた善良なメグレ警部の知恵に従わないわけはあるまい。

　ジョルジュ・シムノンが作中人物メグレを偵察に遣わすフランスの地方でも，パリの環境，売春宿，貴族の邸宅でも，メグレがほかの何よりも恐れるのは，正義への妨害――言葉上であれ身体上であれ，民衆のリンチ行為――である。犯人は発見されるべきだし，通常は，裁判にかけられるべきであるのだが，ただし，法は犯罪の度合を立証すべきであって，同国人の怒りや，極貧な人びとの嫉妬や，裏切られた妻の恨みを立証すべきではない。だから，太っちょで温厚だが，決して穏かではない警部は，彼が追いかけている犯罪人たちを保護している。『メグレは怖がる』（*Maigret a peur*）は地方都市で生起する数々の推理小説の一つのタイトルであって，ここでは，もっとも富豪の家族に対する町の反感が明白だ。たぶん犯人はこの家族の一員らしく，このことは小説の最後で明かされるであろうが，メグレは罪状の推測と，確実性とを区別できないで，多年の共同生活の内に積もった報復の私的なあらゆる理由をこのことに結びつけかねない群衆が，何をしでかすかも分からなくて，怖いのである。

　メグレは怖いのであり，このことはまた，マルティン・ルターの小冊子『ユダヤ人たちと彼らの嘘について』（1543年刊。その後ナチスのプロパガンダに利用された）を読むと証明されることでもある。このアウグスティヌス隠修士会の元修道士によるすべての著作同様に，この小冊子は強烈かつ激烈であって，もはや服従しない民をあからさまに拒否する神の正当な怒りをためらうことなく求めている。彼らが聖なる父祖の出身だと誇りながら，数々の物語で「神を苦しめて」も神は我慢しなくてはならない。とはいえ，ユダヤ人であれ異教徒で

あれ，われわれみんなが「罪の中に生を受けた」ことは明白なのだ。彼らは「悪意のある，意固地な民」であるし，ユダヤ人たちは「虚栄心が強くて，鼻持ちのならない道化者たちで，今日まで，自分たちの起源と血統を誇ることしかできず，自分自身を自慢し，シナゴーグにおいても，祈りにおいても，教育においても世界中の者を軽蔑したり，呪ったりしている」（1，2）。「彼らは真の嘘つき，血に飢えた犬であって，当初から，今日でも，聖書全体をでっち上げた注解でずっと歪曲し改竄してきた」。

　ユダヤ人たちは仕事と言葉を切り離して，予言者たちを迫害したし，割礼によって救われると主張したのだが，彼らには，法王権擁護派のキリスト教徒に適用されるのと同じ聖書からの引用が適用されねばならない。つまり，「『犬は，自分の吐いた物のところへ戻って来る』また，『豚は，体を洗って，また泥の中を転げ回る』」（『ペトロの手紙』2, 22）。ユダヤ人たちが呪われているのは，律法を持っていながら，それを遵守しないからにほかならない。「同様に，人殺し，売春婦，泥棒，罪人，あらゆる悪意のある者も，神の言葉を持っているのだから，神の選民，聖なる民であることを自慢してよかろう」（1，3）。しかし，この御言葉を遵守する代わりに，それを持っていることを自慢しており，「傲慢，嫉妬，高利，吝嗇，それにあらゆる悪意で一杯である」。ルターの本の第一パラグラフはこういう調子なのだが，第二パラグラフはどうかと言えば，込みいった聖書を根底にして，「10の嘘」，ユダヤ人の生活および宗教の10の掟を論駁しようとしている。この本の「採るべき手段」と題する最終部分はもっとも興味深く，出だしはこうなっている，「私は心から勧告したい」。要するに，数々の嘘を並べた挙句，少々の誠実さが出ているのだ。

　しかし，またもこんなことが始まっているのだ，「第一に，彼らのシナゴーグや学校に放火すべし。そして，燃えそうにないものは土をかぶせて埋めねばならぬ。それらの石であれ，残り物であれ，誰ももう見られないようにするために」（アフガンの仏教徒にしろ，「神の使徒」にしろ，タリバンにしろ，煙となって消されたではないか？）。

　さらに，「同じく，彼らの家々も破壊し，取り壊さねばならぬ」し，「彼らのあらゆる祈禱書，すべてのタルムード書といった，偶像崇拝や，嘘や，呪いや冒瀆の言葉が教えてあるものを根刮ぎにする」必要があるし，街路を散歩するための通行許可証を彼らから取り上げ，屈辱的な仕事を彼らに強要しなければ

ならないし，ひとたび彼らがそのお金をもってしても政府に役立ち得ないと立証された暁には，彼らを国から追放する必要がある。

　こういうすべてのことを行うのは，「ユダヤ人たちから，つまり，悪魔や永劫の死から，われわれの魂を救うため」なのだ。なにしろ，子供も含めて，多くの殺人罪が，異教徒たちに対しても，彼らの間でも，ユダヤ人たちによって行われていることは周知だからである。ルターがこの"小冊子"を書いたのは，ファルケナウのヴォルフ・シュリック伯の命令による。伯爵はユダヤ人からどうやって身を守るべきかを，彼に尋ねていたのだ。「盲目かつ有毒なユダヤ人から自衛することができるばかりでなく，ユダヤ人の悪意・嘘・呪いの敵となるため，そして，彼らの信仰が間違っているばかりか，彼らが確かにあらゆる悪魔に取り憑かれていることも理解するために」十分に書いてくれることを，伯爵は希望していたのである。

真実の力

　だが，それほど執拗に，それほど辛辣に中傷したり，それほど非難したり，それほど嘘をついたりする必要があったのだろうか？　たぶん16世紀にはそうだったのかも知れぬが，400年後にもう一冊の「パンフ」が現われたときにはそうではなかったのであって，この本でははなはだ酷似した考えや提案がなされていても，嘘をついてはいないのである。1925年に若きアドルフ・ヒトラーにより，ルードルフ・ヘスにランデベルク刑務所の独房の中で口述された全ページをどれほどの人がほんとうに読んだであろうか？　どのページも明晰，冷静，鮮明至極であり，いかなる曖昧さもない。「強い民族は弱い民族を追い出すであろう。生の躍動が決定的な形をとると，弱き者を破壊して強き者に席を与える自然の温情のせいで，個々人のいわゆる人間性の不条理な障壁を打破することになるだろうからだ」。『わが闘争』〔$^{1925-}_{1927}$〕の綱領は明白だ。「われらは攻撃的行動を行って，いつの日かついには自由の聖所に登ることを可能ならしめるあの階段を，われらが国民のために建てようではないか」。新しい未来の必要という，多少とも明白な考えを抱く数百万の大衆から，「鉄の原理」に則って大衆を統合したり，「諸人種の平等」なる考え——すでにヨーロッパに現前しており，「ユダヤ人カール・マルクス」のせいでブルジョアジーの間に蔓延し

ている「害毒」——に対抗したりすることのできる「一人物が出現する必要があるのだ」。

未来がわれわれに用意しているような，よりよい人類を構成できるのは，「神の似姿につくられた被造物でも最良のものの」象徴，世界中に支配する手段を有している「最高の種族」——この種族に属さない者たちは排除されるのだ——たるアーリア人たちだけだろう。「譲渡不可能な義務」として確立された，人間の唯一の権利，それは「血統を汚染から守る」ことである。ここからして，病人や弱者への必然的抑圧，彼らへの不妊手術，もっとも美しい肉体の持ち主と最良の知性の持ち主とを強制的に結婚させて，種族を完成させることが求められることになる（ポパーも忘れずに強調していたことだが，プラトンの『国家』でもすでに見つかる考え方）。主たる敵は，「国際経済のユダヤ人の圧力」であり，モデルは宗教的〔カトリック〕伝統完全保存主義であり，弱点は修辞術である（とはいえ，若きヒトラーはこれをも2年間で完全にマスターしたと宣言しているのだが）。この約300ページの論説が過度に陥ることも非難に陥ることもなく追求しているのは，「運動」の組織化，外交政策，若者たちへの教育，拡張への第一歩であり，すべてが考えられ研究されているのである。ドイツは世界的な力の程度に到達して，東の領土を征服するための戦いを開始するであろう。ソヴィエト連邦は瓦解するであろう，なぜなら，ユダヤ人たちの手では，それを維持できないであろうからだ。ユダヤ人の行進は「続行するし，それが止められるのは，新しい力が超人的努力により，ちょうどルシフェルが天に攀じ登ろうとしたときのように，これを追っ払うことに成功するときだけであろう」。8年後には，ドイツ国家社会主義党が権力を掌握することになる。このリーダーは，騙し，嘘をつき，目的を隠したのではないか？

ヒトラーの率直さはその信奉者たちにとっても厄介なものなのであって，彼は敗北のありうることをも忘れずに念押ししているのである。「人種堕落の時代に自国の最善の人種的要素の保護に没頭した国家は，いつか地上の支配者となるに違いない。いつか犠牲の大き過ぎることが，予想される成果と比較して不安な気持に誘うようなことがあるときには，わが運動の信奉者はけっしてそのことを忘れないでいてほしいものである」（『わが闘争』（下），平野一郎ほか訳，角川文庫，1973年，404頁）。このパンフの結びにある言葉は，未来の総統の意図および方法に関していかなる疑念も残さないし，これらはその後数年間，一つ

の理想として体験された誇張癖の修辞力をいつも蓄えた，いつも極めて明白な演説や宣言の中で再言されることになる。どのドイツ人でも，予見しなかったし，知らなかったし，予防しなかったのではなかったか。誰か外国の傍観者もいなかったではないか。しっかりした反対もなかったではないか。自由諸国，共産圏諸国，要するに非ナチス諸国からの，反対へのいかなる支持もなかったではないか。

　前世紀のもっとも悲劇的なまやかしの一つが，まさしく真実の力を利用して犯されたのかも知れない。この同じ力はムッソリーニをして，議会でマッテオッティ殺しの張本人だと明言したり，マキャヴェッリの『君主論』への前書き（「序曲」"preludio"！）を書いたりさせたのだった。この中で彼は「合意に基づく体制はかつて存在しなかったし，存在していないし，たぶん決して存在しないであろう」こと，そして武器だけが憲法，国家，民族を防ることができるのだ，と述べている（*Il Principe* di Niccolò Machiavelli, 序曲〈Preludio〉1940）。

　もちろん，ロベスピエールからスターリンまで，ほかの国家元首たちの嘘は厳かであるし，ハンナー・アーレント（$^{1906-}_{1975}$）が試論『政治における嘘』（山田正行訳，みすず書房，2000年）の中で行っている，ヴェトナム戦争についての米国国防総省秘密報告書の資料分析は興味深い。ロバート・S・マクナマラ編集のテクストには，「世界でもっとも偉大な超大国が，その値打ちをめぐって議論が白熱している問題をめぐって，ちっぽけな後進国を打ちのめし，屈服させようとしているあいだに，一週間に千人もの非戦闘員を殺したり重症を負わせているさまは，見よいものではない」（山田正行訳，1頁）とある。アーレントはあまり残酷かつ偽善的ではない言葉に激しく立ち向かい，嘘の根っこが，われわれに現実が供するのとは違った世界をつくりだしたり，あるいは構築できたりするというこの錯覚にあることを突き止めている。この錯覚がもろもろの国家を戦争に突入させたり，あたかも現状とは「別のこと」が可能であるかのごとく，事態を変えるよう欲しさせたりする——これは嘘の行為でもあれば，暴力の行為でもあるのだ。なにしろ，錯覚の無邪気さがもつ利点がもはや認められ得なくなっているからである。

　そのとおり。だが，アレクサンドル・コイレ（$^{1892-}_{1964}$）の警告を忘れるわけにはいかない。彼は1943年に「暗示的な〔すぐには理解できない〕嘘」——まさしく，部分的にはルターのページや，さらには，ヒトラーのびっくりするほどの

明晰さのうちにわれわれが再発見したもの——のテクニックを暴露していたのだ。「たしかに，ヒトラーは全体主義国家元首だったすべての人びとと同じく——とこの科学史家は書いている——，その行動綱領を公けに発表した。だが彼がそうしたのは，"ほかの人びと"から信じられないだろうこと，門外漢からは彼の宣言が真剣に受けとめられないだろうことを信じていたからにほかならない。まさしく真実を言うことによって，彼は敵たちを騙したり混乱させたりすることを確信していたのである」。これは「マキャヴェッリ式の古いテクニック」であり，「真実をたんに欺瞞の手段に変えてしまう，あらゆるテクニックの中でももっとも邪悪な，暗示的な嘘」なのだ。

仮説の力——科学の嘘

逆に，科学者たちは騙すためのさまざまな可能性をもっているし，政治家たちに比べてより多くの好機会があるし，門外漢には分からないように真理を言うとか，自分自身の利益の名のもとに民衆を欺くために嘘をつくとかすることを強要されはしない。本章の冒頭でも見たように，科学者たちには大幅な可能性がある（報告としては，Di Trocchio, 1933を参照）。軽くて，赦される嘘から始めよう。その能力がないのに，物理学とか数学から採った例を用いている古典学者たちは，アラン・ソウカルの有名ないたずらの標的になったのであり，彼は「偽」論文を書き，ポスト構造主義的な不条理な標題「境界を超えて。量子重力の変形解釈学のために」(Transgressing the Boundaries. Toward a Tranformative Hermeneutics of Quantum Gravity) のもとに，アメリカの雑誌 Social Text に送ったのである。この物理学者は脱構築的な濃度の高い用語をもって，物理学の最先端分野がデリダ，ラカン，リオタール，その他の現代著作家たちのテーゼを確証するであろうことを主張した。この論文は1996年春に発表されたのだが，それからソウカル自身がこれはいたずらだということを暴露し，これがうまくいったのは雑誌編集者たちの先入観をくすぐるような「響きの良い」言葉遣いをしたせいなのだ，と主張したのである (Sokal, 1997)。

古典学者たちと"厳格な"科学者たちとの論争，理解し難い点はここにある。真の問題，それは科学を行うためには，（仮説や，最初に言われたことや，他人の言ったこと）を信用し，クーンが"パラダイム"なる用語でうまく定義し

た世界観（Weltanschauungen）の中に信用して（信条をもって？）飛び込まねばならないということであり，その後で，起点となった体系そのものをひっくり返すような革命的要素を発見すること（セレンディピティー？）になるのである。ファッブリ（Fabbri, 1992）は「確実性のサイクル」を話題にしており，なかんずく，種を異にする個体の上に皮膚を移植する可能性を発見したと主張してきた生物学者サマリンの場合を引用している。これが詐欺だと分かるや，サマリンは学界から追放されたのだったが，しかし困ったことに，1974年の「サイエンス」（Science）誌上の或る論文は，彼の研究のいくつかの指示が有効なことを言明せざるを得なかったのである。

　よくあることなのだが，こういう「捏造」はだから正真正銘の詐欺なのではなくて，後の時代に証明されるかも分からない仮説によるデーターの修正――「まだ展開させるだけの時間がないのだが，たとえば経済的な秩序の圧迫による予弁法」（Fabbri, 1992, p.253）――なのである。17世紀の英国では，「立派な」助手，つまり，無知かも知れぬが高潔で，上流社会に属する人びとを利用することが，科学的実験の妥当性を保証するのに必要と感じられていた。なにしろ，彼らは「"有徳"であるがゆえに，科学的発見の受容可能性という社会条件を保証していた」からである。こういうことを想起するならば，ホルトンでもすでに見られた興味深い概念，「疑惑の中止」なる概念が強調されることになる。こういう中止からすると，科学者は自らの仮説の受容可能性が少なくとも立証されるまでは，この仮説への反対証明を隠すことが許されるかも知れない。これは詐欺なのか？　それとも正当防衛の場合なのか？　それとも，新理論をも害する，過剰防衛なのか？

　一つの理論的パラダイムに対してなされたあらゆる異論も，実際にはそれを強化する傾向があるし，往々にして，詐欺だという非難でも或る仮説に注意を引きつけることがあるのであり，その後，この仮説がほかのものよりも多くの検証にかけられることになり，おそらく，最後には支持されかつ確証されることになるかも知れない。嘘から逃れるよりも有用なものがはたしてあるのかを言うのは難しいし，近代経験論の創立者の一人，ベーコンの次の言葉に誘われるのはやさしいのである――「嘘を言いたまえ，そうすれば真理が見つかるだろう。虚偽こそは真実を見いだすための最良の道であるかのようだ」。

第5章　楽しませる嘘

神聖にして甘美なる詐欺

　詩に耳を傾ける者は「恐怖の戦慄に襲われるか，または涙を流させる同情や，苦痛を呼び覚ます後悔で満たされるのに対して，心のほうはこれとは無縁な，幸運もしくは不運な人や出来事を前にして，言葉の効力のもと，独特な錯乱に巻き込まれる」。素晴らしい感動に導かれて，これらの行を書いた作者レオンティノイ出身のゴルギアス（前485-370）は，全時代の芸術家たちにとってマニフェストとなった言葉で，こう主張している——「騙す人は騙さない人よりも正しいし，騙される人は騙されない人よりも賢い」と。ゴルギアスの理論的前提は，存在（有）の絶対的な認識不能性と伝達不能性ということにある。だが，哲学手引書により"ソフィストたち"という厖大かつ曖昧なサブジャンルに入れられているこの偉大な思想家にあってわれわれの興味を引きつけるのは，パルメニデスとの論争でも，彼に対するプラトンの不信でもない。このシケリア人について，伝説では，「他人を喜ばせることを何一つしなかったがゆえに」100年以上生きたとか，彼ひとりで巧みに操られた文彩（あや）の発見者だとか言われているが，われわれを驚嘆させるのは，むしろ彼の言語観の急進性である。つまり，言語は確かに，必然的に嘘をつくものなのであり，それというのも，その『非存在，または自然について』と題する著書——後代の報告を介してのみわれわれに伝承した——における入念な論証や結論によれば，「何も存在しないし，何かが存在するとしても，われわれはそれを知り得ないであろうし，また知り得たとしても，だれもその知識を他人に伝えることはできないであろう。経験は言葉ではないし，だれも他人のそれと等しい概念表象を抱懐することには成功しないからである」。

　だから，真理を媒介するのには定義上不適切な道具にどうして真実性を付与しようと骨折ったりするのだろう？　むしろ言葉に要求すべきなのは，それが実際にわれわれに提供できることなのだ。「言葉の手段により与えられる聖な

る魅力は，快を産み出し，苦から解放してくれることにある」。ただし，すべての言葉が聖なるものというわけではない。「魅惑する力」は，詩であれ散文であれ，芸術的に用いられた言葉に特有のものなのだ。前者は魂を誘惑するし，後者は精神を欺く。ヘレネ，メネラオスの妻でありながら，パリスと一緒に逃亡した（もしくは彼に誘拐された），スパルタのヘレネは，トロイアにとってもギリシャ全土にとっても10年間の厄難を惹起したことになっているが，「汚名を濯(そそ)がれるべきである」。実際，彼女は無理矢理誘拐された以上，同情されるべきであって，非難されるべきではない。トロイア王子の言葉で誘惑された以上，許されるべきなのだ。なにしろ「言葉は強力な主人なのであり，目に見えぬ極小の体しか備えてはいないが，この上ない聖なる仕事をやり遂げるのである。言葉は恐怖を止めさせ，苦痛を取り去り，喜びを産み出し，同情を増やすことができる」からである。とりわけ言葉は魂に暴力を振るって，聴き手の意志に関係なく，いかなる議論でも魂を説き伏せることができる。したがって，ヘレネは言葉で誘惑されたとしたら，暴力で誘拐されたと言ってよいし，あたかも夫から身体的に誘拐され持ち去られたのと同じように，同情されるべきなのである。これは『ヘレネ礼讃論』に述べられていることであり，この本は，$φάρμακον$ なる語の定義も行っているのである。実際，この語は曖昧なのであって，プラトンも『国家』の中で支配者たちの嘘に関してこの語を用いているのだ。つまり，$φάρμακον$ とは，"治療薬" も "毒薬" も意味するのである。ゴルギアスによると，言葉はいずれにせよ嘘をつくのである。だから，真か偽かを判断できると言い張る者の偽善を追放しなければならないし，主人なる言葉の暴力の肯定的な面をつかむようにとの招待には好意的に応じるべきなのである。

虚偽だということは分かっている

存在しているとは言われない世界では，すべてのことが可能でもあれば不可能でもあるのだから，すべてのことが不確かなのだが，そういう世界にあっては，ゴルギアスは言葉の構築——言述，とりわけ，詩作品——によって騙されることをわれわれに励ましている。みんなは騙し屋なのであり，しかもはっきりと騙す者は，そうとは気づかずに，あるいはそれを見せないで騙す者「より

も正しい」。われわれはみんな騙されるし、「より賢い」のは、真偽を見分ける力——どっちみち、そんな力は閉ざされているのだが——のあることを装うことなく、騙されて、魔法ゲームを受け入れる者なのだ。魂は、詩から喚起される情緒、同情、苦痛、喜び、錯乱の成り行きに自由に任せられてしまう。魂はそれらを享受し、それらから利益を得るであろう。次の世紀になると、アリストテレスは浄化（カタルシス）($κάθαρσις$)を厳密に規定して、悲劇の上演によって搔きたてられた「同情と恐怖を惹き起こすところの経過（パトス）を介して」の苦難の浄化（『詩学』第6章1449b 27-28〔今道友信訳、29頁〕）としながらも、はっきりこう述べることになる——「そもそも詩人の仕事とは、すでに生起した事実を語ることではなく、生起するかも知れない出来事を語ること、すなわち、いかにも納得できそうな蓋然性によってなり、またはどうしてもそうなるはずの必然性によってなりして生起しうる可能的事象を語ることだ」（『詩学』第9章1451a 37-40〔今道訳、38頁〕）が、しかし歴史家は「すでに生起した事実」を語らなければならない。だから詩人だけは現実から距離を置きながらも、本当らしさと論理性とのきずなを維持することが許されるのであり、現にアリストテレスはホメロスについて「嘘言をどういうふうに語るべきであるか、について、ほかの詩人たちに、もっとも大きな参考になることを教えた」（『詩学』第24章1460a 19〔今道訳、94頁〕）と言っているのである。

　もちろん、このスタゲイラの出身者にとっては、"真"と"偽"は存在（有）を言う方法なのであり、存在（有）は実際上、存在するばかりか、たとえ「いろいろの意味で"ある"」〔出隆訳、1968年、92頁〕にせよ、言われうるものなのである。これはゴルギアスの世界観ではない。彼は言述にまったく自律的な役割を認めており、また言葉の芸術には、ちょうど"$φάρμακον$"が身体に対するのと同じように、魂を魅了したり、または毒したりする力を認めているのである。こういう力は視覚芸術にも拡大されている。実際、「人の姿の創造や、神々の像の建造は、見た目に甘美なヴィジョンを供している。このように、本性上、ある見ものは視覚を傷つけるが、他のものはそれを感動させるのである。多くの見ものは多数の人びとに多くの物事や多くの身体への愛と情念を掻き立てる」（『ヘレネ礼讃論』、10）。これがいつも可能であるのは、五感がまったく信頼できないからなのだ。五感はだから、個々人において、自らの表象によりもむしろ苦痛な事実のほうにより大きな情動を覚えさせようとするためのいかな

る理由もないのである。上演にあっては，万事が偽りであるし，確実なものはいずれにせよ皆無なのだが，芸術的上演は少なくとも，感覚的表象よりも有効かつより"真"なのだ。こうなるわけは，前の諸章の中でも，中傷に関する前章でもすでに述べたように，嘘のほうが一般に現実よりも「信じられうる」からなのだ。なにしろ，嘘は「芸術的に」練り上げられており，したがって，矛盾なく，まったくもっともらしいし，それを受け入れる側の期待に近いのに対して，現実のほうはしばしば予見し難いし，不安定だし，思いがけないことがあるからである。

　ここからして，アリストテレスも欲していたように，芸術的享受の治療的ではないにせよ，少なくとも気持ちを落ち着かせる価値が発生するのだ。アリスの「霧のように軽い」鏡を通して，読者，聴き手，観衆は自分らのとは確かに「別な」，しかし多かれ少なかれありそうな世界の中に入るのである。こういう世界には，作家によりモデル読者に命じられた明白な規則があるし，さまざまな——ただし，無数ではない——解釈を許容するし，作品を「閉じる」ことを明らかに仕事とする者〔作者〕を導いているのだ。とはいえ，この仕事は，この日常の辛い現実から彼を守ってくれる鏡の背後に避難しながら，完成しなければならないであろう。だが，きっと彼も「鏡の向こうの」生の静寂さのなかに，体験される生という，このひどく逃避的な現実のための読解の鍵を見つけることができるであろう。われわれが読むものが虚構だということは知っているにせよ，「われわれは虚構作品（複）を読むのを決して断念することはできないであろう。なぜなら最上の場合われわれはそれらのうちに，われわれの生に意味を与えるような一つの図式を探し求めるからである。とどのつまり，われわれはわれわれの生存の流れの中で，なぜわれわれが生まれたのか，またなぜわれわれが生きてきたのかをわれわれに語ってくれるような，われわれ自身の起源の物語を探し求めているのだ。ときにはわれわれは宇宙的な話，世界の話を探し求めることもあれば，ときにはわれわれの個人的な物語（聴罪司祭や，精神分析者にわれわれが語ったり，日記のページの上にわれわれが書き記したりするようなもの）を探し求めることもある。ときには，われわれは自らの個人的な物語を世界のそれと符合させようと望むこともある」(Eco, 1994, p. 173)。

だがみんなが合意しなくてはならない

　われわれは虚構作品を読んで，しかもそれを信じる振りをしよう。われわれが発動させるこの「不信の中止」は，仮説への反証を隠す科学者たちに関してすでに述べておいたことである。われわれは嘘を読んだり，眺めたり，聴いたりできるし，しかも作者を許している。なにしろ，われわれは彼の共犯者であるのだし，彼も非－知の犠牲者であることを知っているからだ。「証人たちに生起するのと同じように，作家は〈知らない〉」，と挑発者マンガネッリは挑発的に書いていた。作家は「自分がその中に巻き込まれている言語の意味をまったく知らないのであり，ここからして，不可能事，虚偽，嘘，手品，ゲーム，儀式の蓄積，マグマとして言語を体験する彼の力，彼の能力が生じてくるのである」。文学はまさしく「擬似－神学」として組織されているのであり，「そこでは宇宙全体，その終わりとその初め，その儀式とそのヒエラルキー，その死ぬべき存在と不死なる存在とが称えられるのだ。つまり，すべてが正確であるし，すべてが嘘なのである」（Manganelli, 1985, pp. 220, 222-223）。

　「文学的な嘘」は，神々，生および死，の世界を構築する。だからこそ，こればはなはだ特殊なかたちの嘘なのだ。それは明言され，受諾され，なかんずく，はっきりと限定された嘘なのだ。文学上の人物には特定の性格があるが，ある限られた脈絡の限度内においての話なのであり，この脈絡は理念上無限の解釈を許容するが，文学的記述の次元では理念上無限の同化を許容しはしない（Garroni, 1994, pp. 32-33）。もしも或る王子が金髪だと言われるとしたら，私としては目が青いと即座に推測できるであろう（「理想の王子」とそういう色の目との間に類似関係を作家がたぶん示唆したがったのかも知れないにせよ）。その王子は背が高くて肩幅が広いと考えることもできよう。有能な騎士で，剣術に精通しており，忠実な愛人かも知れない。いやとんでもない！　もしこういうもろもろの特徴が作家によって言明されていなければ，そんなことは私にはできないだろうし，私としては，王子が金髪のせむし男で栗色の目をしており，戦うことができず，とりわけ，恋愛には臆病者だと予測することもできよう。したがって，私が接近する世界を構築するのは作家なのであり，作家が示唆なり，あるいは明確な記述なりを介して限界をはっきりさせるのであり，こ

ういう限界の中でこそ，私の想像力や私の体験が今度は作品そのものに加わったり，それを完成したり，まさしく，それを"閉じる"ための，立案をできることになろう。

　この時点で，われわれはルネ・ジラールが『欲望の現象学』（*Mensonge romantique et vérité romanesque*, 1961）の中で述べていた，もろもろの作用の正当性に関する問題を提起することができよう。本書の中でこの著者は個人，欲望対象，媒介者という，悪魔的な"三角形"の緊密な結びつきについての自説を立証するために，セルヴァンテス，フローベール，スタンダール，プルースト，ドストエフスキーといった作家たちの諸作品を分析している。ドン・キホーテやエンマ・ボヴァリーといった「モデル」，つまり，放浪騎士や，19世紀の連載小説の女主人公といった原型は，"真の"三角形を構成する"真の"モデルなのか？　どうやらジラールが開発したのは，まさしく上述したメカニズムらしい。なにしろ，文学的な人物は明確な限界の中に含まれているし，その人物について言われていないことを想像することがわれわれには許されないし，したがって，それは心理学・社会学・人類学的次元の分析および実験の理想的な対象となるからである。イフィゲネイア〔アガメムノンとクリュタイムネストラとの間の娘〕の名がすぐさま無辜(むこ)な乙女の犠牲なる考えを掻き立てるのはなぜか？　それはつまり，われわれが彼女について知っているすべてのことであるからであり，たしかにまったく無辜ではなかった──いずれにせよ，ほかの娘と同じように無辜ではなかった──娘の存在の光と影を知ることはわれわれには許されないからである。

　したがって，文学的な嘘や，また造形芸術の嘘──要するに，芸術的表現一般の嘘──は，ある現実をコントロールすることを可能にする。こういう現実は部分的には，われわれ自身の嘘を招来する（とどのつまり，われわれ銘々は人類にかかわる一切のものを他人のもの（alienum）とは見なさない）のだが，しかしこういう現実は"ほかのもの"であって，それから後で終わるし，それが有るところに留まるし，ときには，より快適ないしより熱中させる世界を放棄することを苦痛にさせることもあるし，ときには，悪夢から目覚めてほっと安堵させることもある。

　ワイルドの直観は天才的だった。彼は1889年，短篇小説『嘘の衰退』の中で，嘘物語以上の何かを芸術のうちに看取した（その始まりはかつて体験したことのない冒険への最初の原始狩人の創意工夫のうちに示されていたのではあるが）。

第5章　楽しませる嘘　117

ワイルドによれば，さもなくば無意味な現実を享受させてくれるような，超越的図式を，芸術は五感，想像力，心に供してくれるという。こういう現実は，敵対的自然よりも仕末が悪い。「自然は不愉快だ」し，「じつに無関心で，じつに鑑賞力がない」のだが，人間性は「あの恐るべき普遍的なもの」なのであり，「近代」文学，つまり，19世紀末の小説の写実主義はそういうものへと導こうとしているのである。「もろもろの事実はその然るべき従属的な位置にとどめられているか，または退屈だとする一般的な理由から全面的に排除されているかのどちらかである」。さもないと，事実は「氷のようなタッチでもって」万物を襲うことになる。事実は芸術を汚すべきではなく，芸術には内的な固有の完成が備わっているのである。「それは鏡というよりはむしろヴェールなのである。どんな森も知らない花々，どんな林も抱えていない鳥たちを，それは持っている。それは，かずかずの世界を作っては壊し，真紅の糸で天界から月をひきだすことができる」。彼の言葉に従えば，「霜は銀の指を6月の燃える口に当て，翼ある獅子もリディアの丘の谷間から這い出てくる」〔西村孝次訳，（青土社，1989年）12-32頁〕のである。

虚構が真実をよりよくするとき

　芸術，真の芸術は生をコピーしない。生を鼓舞するのである。われわれがメランコリーを知っているのは，シェイクスピアがハムレットを創作したからである。われわれが「白い，慄えているような日光」を愛するのは，眼中にモネーやピサロがあるからだ。日没は，ターナーの絵と同じく，時代遅れだ。ぞっとさせる写実主義に抗して，「嘘という芸術」を開拓するならば，そのときには，「もろもろの事実は権威を失墜するだろうし，真理はその足枷を歎いているのが見られるであろう，そしてロマンスが驚異という気質をいだきつつ，故国へたち帰るであろう」。「竜は荒地をさまようであろうし，不死鳥が炎の巣から御空へと天翔けるであろう。……そして，われわれの頭上に，青い鳥が舞う，ありえない美しいことを，決して起こらぬ美しいもののことを，今はないが在るべきもののことを歌いながら」〔西村孝次訳，47頁〕。
　ワイルドが物語ではなくて"ひとつの観察"と定義しているものの中で〔自分に代わって〕発言させている作中人物ヴィヴィアンは，一見譫言をいってい

るように見えるが，彼の言葉のほとんど背徳的な魅力の彼方では，写実主義に対する厳しい攻撃に十分根拠のあることが見逃がされてはいけないのである。人間性や自然一般への反感を抱く，貴族的で反受容的な軽蔑から，ヴィヴィアンは世間を避けるに至る（ドリアン・グレイが感覚的快楽に思考の慰めを探し求めていた——または逆も可である——ことを忘れないでおこう）のだが，この軽蔑には，芸術が「普通の」人物たち，「匿名の」事柄，苦痛な日常を呈示し，これによって，生活により接近しているがゆえにより正しいと主張していることへの軽蔑が，加わっているのである。しかもこの場合，ワイルドは間違ってはいないのだ。倫理的観点からすれば，美的なマニフェストよりも告発たる写実主義，社会批判を伴った芸術のほうを人は好意的に眺めることができるかも知れない。だが，用語そのもの（「真実主義」，「写実主義」ヴェリズモ——状況なるありとあらゆる接頭辞がくっついている）の純朴さを笑わずにはおれないであろう。たとえば，マラヴォーリア家*が本当に存在したとしても，これら作中人物たちに生起したような一連の事実を記述する際に，ヴェルガの何らかの干渉があったと考えられはしまいか？

　「書くこと——それは千もの表現のなかからの絶えず選択することなのだが，どれひとつとして私を満足させない。とりわけ，どれひとつとして，他の表現なしには私を満足させない」〔岩崎力訳（白水社，1981年），17頁〕，とユルスナールは1929年の短篇『アレクシス　あるいは空しい戦いについて』（*Alexis ou le Traité du vain combat*）を成す難しい手紙の想像上の筆者に書かせている。アレクシスの場合が虚構（作家ユルスナールの作品）における虚構（手紙）であるにせよ，いかなる選択でもまったく満足させないわけは，書かれていることと，「現実のうちに」感じられることとの間の符合を人は憧れるからなのだ。こういう同じ不満足から，マンゾーニは「言葉の力についての悲観的な観方」（Eco, 1998, p. 51）を抱懐せざるを得なくなったのだった。このことは，作中人物たちの談話を報告するよりも，振舞い・態度を描写することを通して，言う必要性で表明されている。われわれはモンザの尼僧については最初の一瞥からすでにすべてのことを知っている。鉄格子の背後での，修道服にもかかわ

　＊　『マラヴォーリア家の人びと』（1881年）は，19世紀末の文学潮流たる，イタリア真実主義系列の旗頭，ジョヴァンニ・ヴェルガ（1840-1922）の小説の表題である。（訳注）

らず息苦しい生活，頭巾をはみ出た髪の房，を。ロドリーゴはペストを病んでいるが，この自分の状態を受け入れたがらず，そして「紫がかったぞっとさせるペスト腺腫」にもかかわらず，気分爽快だと言い張っている。ロドリーゴは嘘をついているし，彼に忠誠を誓っているグリーゾも嘘をつき，ペスト患者たちを寄せ集める役目のモナットたち（monatti）をすぐ招集するのである。これらは事実が語っているのであり，これらを描述している言葉は，あまり真実でもあまり重要でもない対話の言葉を助けているだけなのである。

マンゾーニのこういう不信は，ワイルドの悪意に満ちた非難の的——写実主義への要求——になることを恐れる者を慰めるばかりである。こういう要求はいつも的外れなのであって，作家たち（およびジャーナリストたち）が嘘つきだという非難から逃れるのは，ただ彼らの書き物（または彼らの映画化されたもの，その他）が彼ら自身の「世界観」以外の何ものでもないとはっきり分かるときだけなのである——それがたとえ告発のせいであれ，激怒のせいであれ，戯れのせいであろうとも。隠喩(メタファー)を嘘だという非難から解放している本文の中で，H・ヴァインリヒは「文学によって欺かれる人は誰もいない。いわば，騙す意図がそこにないから，というわけではない。作家たちはフィクションを創る意図を厳として持っている。文学はたとえ嘘であるとしても，そこには常に嘘信号(シグナル)もまたある。文学は 文学(フィクション) として振舞っている。伝統的なジャンルの特徴はすべて同時に，この話された，あるいは印刷されたテクストが文学であり，真実ではない，という信号(シグナル)でもある」(Weinrich, 1967〔井口省吾訳，128-129頁〕)と言及している。

真実をいうふりをするとき

「嘘信号(シグナル)」は或る文学ジャンルでは暗黙の警告であるし，また他の場合には明らかにすべきものでもある。小説として提供される本，「昔むかし」で始まる話，詩句の押韻，これらは読みながらにしてその一節のもつ生命を明らかにしてくれる。「きみはいくつ嘘をつく必要があったのか？　ここでわたしたちに堂々と開陳する真実をこしらえるのに」とは，アントニア・S・バイアットの小説『抱擁』(*Possession: A Romance*, 1990〔栗原行雄訳，新潮文庫，（I），7頁「ロバート・ブラウニング『霊媒・スラッジ氏』より」〕)冒頭の引用文の末にある言

葉であり，彼女は本当の生活と詩人たちの生活や彼らの詩との絡み合いをわれわれに物語っているのである。だが，これらの信号(シグナル)は本来あるべきところに欠落していることが多い。たとえば，『羅生門』の作中人物たちについての記述が客観的でないのと同じように，新聞における書評は客観的記述ではないし，そういうものではあり得ない。それらはデーターの寄せ集めを選んで再構成したものなのだ。真実の要素を含むとはいえ，仮定・示唆・符合が挿まれている（ときには正当化されるかも知れぬが，ときには正当化されないかも知れない）し，とにかく執筆者や編集長に常に左右されている。逆説的には――たぶん，それほどでもなかろうが――，ジャーナリスティックな物語は逆に，絶えず「真実という信号(シグナル)」に訴えており，「確かな筋に基づく」とか，スポーツ・バーの「ごく近い」X氏とか，隣家だけに信用できる「隣人たち」とか，「本当に疑わしい」，つまり，みんなが疑っている，だから，ほぼ真実であろう，といった表現がくっついている。だが，こういう類いの要素こそが，われわれの短い探究の中で，まさしくもっとも滑稽かつもっとも入念な嘘の兆候と暴露されたのではないか？　あるデーターと仮定・符合の示唆・疑念への暗示との結びつき，これらは「正直な」イアーゴウの場合のように，保証の表現に申し分なく付随しているものなのだ。では，ジャーナリストたちは嘘つきなのか？　もちろん，否だ。彼らは仕事の手段たる言葉や写真を用いることにあまりにも熱心だし，どうしてもニュースのリズムにせきたてられるから，これら手段に従事していることを忘れてしまうのだ。あいにく，彼らでも真実を手にしてはいないのである。では，彼らにできることは？　それは，自分たちが第三者に起きたこと，しかもしばしば他人によって報告されたことを語っているに過ぎないことを忘れないようにすれば十分であろう。そして，こんなことを彼らに要求しても，し過ぎでなければ，懸命に仕上げた疑惑が根拠のないものだったと分かったときに，ときどき弁解を忘れないこと，そしてイアーゴウの沈黙で我慢したりもしないことだ。

　逆に，文学という楽しい場合となると，「嘘信号(シグナル)」はふんだんにある。つまり，嘘の技法が嘘つき人物たちを記述するのである。

嘘つきたちと主人公たち

　プラウトゥスの『法螺吹き兵士』（Miles gloriosus）——何の法螺を吹くのか？　いや、これは虚栄だったのだ——に関する高校生の勘違い以来、この嘘つき人物、つまり、本文なり舞台なりで嘘をつくがゆえに特徴づけられている人物のことは、誰でも知っている。むしろ舞台のほうが目立っているが、そのわけは、極めつきの嘘つきは喜劇の仮面であって、書かれたページの上よりも、舞台のほうがうまくゆくからである。とはいえ、小説のタイトルには、「嘘」とか、「詐欺」とか、「嘘つき」といった言葉をもつものが依然として数多いけれども。おそらく、陰謀を孕むこれらの用語が成功をも保証するのであろう。こういう癖は映画をも汚染している。『秘密と嘘』、『隠された真実』、『嘘の色』、『俺が言わなかったこと』、これらは映画に関してすぐ頭に浮かぶはじめのタイトルだが、これらにあっては、嘘なるテーマがいつももっぱら作品の中心をなしているというわけではないし、仮面をつけた嘘つきが必ずしも現われないこともある。とどのつまりあまり信じがたいことなので、真実みに欠けるが、マキャヴェッリもデッラ・カーサ氏もすでに教えていたように、嘘つきはいつも喜劇類の中で一つの役割を果たしてきており、なかでも挙げるべきは、西暦紀元前205年ごろにティトゥス・マッキウス・プラウトゥスによって書かれた『法螺吹き兵士』なのである。この作品は悲痛な法螺吹きピュルゴポリニケスが、フィナーレのシーンで、隣人の召使いたちから棒の連打を食らい、しかもあまりに法螺を吹いたがゆえにこの罰の正当さを認めることになるという、途方もない出来事の話である。プラウトゥスのこの作品は明らかに、作者不詳のギリシャ語原典——まさしく、『法螺吹き』（ἀλαζών）という表題だった——を典拠としている。だが、嘘に関するギリシャ喜劇の代表は、西暦2世紀にシリアのサモサテー出身のルキアノスによって書かれた『嘘好き、または懐疑者』（φιλοψευδὴς ἢ ἀπίστων）である。とはいえ、ルキアノスはあまりに合理的であり、かつ手が込んでいるから、われわれにたんなる嘘つきを見せてはいないし、したがって彼の喜劇が見せてくれているのは、当代魔法世界の精彩に富んだ欺瞞打破や、大衆の軽信への痛烈な風刺であって、われわれが探し求めている人物たる、純粋の嘘つきではない。

こういう人物を回収できるのは，17世紀を措（お）いてほかにはないであろう。実際，ホアン・ルイス＝デ＝アラルコンの喜劇『疑わしき真実』(*La verdad sospechosa*) は1634年のものである。これは今度はコルネイユの『嘘つき男』(*La menteur*, 1643) の着想源となるし，これをヴォルテールは『《嘘つき男》に関する注訳』(*Remarques sur "Le Menteur"*) や『嘘つき男続篇』(*Le suite du menteur*, 1644-1645) において批判することになるし，カルロ・ゴルドーニは『嘘つき』(*Il bugiardo*, 1750) において受容することになる。

ゴルドーニのこの作品はヴァインリヒにより「嘘信号（シグナル）」――われわれが話題にしてきた真実性の保証にほかならない――に関して引用されている。しかし2世紀後になっても，コクトーの『嘘つき』(*Le menteur*) の中で，主人公は「私が嘘をついたのは，私が嘘をついたということをあなたに言うためにほかなりません」と主張できるのと同じように，ゴルドーニの『嘘つき』の中で主人公は「私は理性を使ったのだから，誰も私の軽い嘘を責めることはできない」（Ⅰ，11，39）と言明し，こう結んでいる――「もう一つだけ嘘をついたら，私は死んでもかまわない」（Ⅲ，5，109）。レリオはいつも嘘をつき，みんなに嘘をつき，自分を犠牲にして嘘をつく。病的な嘘つきなのであって，ついには，その有名な仲間「法螺吹き兵士」のように棒打ちではなく，出来事で罰せられることになる。なにしろ，ゴルドーニにあっては，殴打はいつも約束されているが，決して実行されることがないからである。

レリオとアルレッキーノ（道化役者）

ゴルドーニの喜劇の偉大さは，レリオのマニアックな嘘にあるというよりも，彼とその召使いアルレッキーノとの対面にある。アルレッキーノも嘘つきで見え坊なのだが，単純，うぶで，とりわけ，慎重である。これはおそらく，彼が自分の低い身分，棒打ちに実際に遭う危険，欺く能力の限界を意識しているからなのかも知れない。こういう人物は，数々の宗教儀式において嘘つきで下手くそな悪魔として現われるトリックスターに，われわれが同化してきたことがある。召使いから"嘘"(busie) だと分からずにたくさんの嘘を言うためにはどうすべきでしょうか，と尋ねられて，レリオは答えていう――「無学者め！そんなものは嘘じゃない。嘘とは，僕のすばやい才気煥発な豊かな天分から出

た，気のきいた発明物なのだ」（Ⅰ，4，9）。アルレッキーノはそこでレリオのまねをしようと試みる。コロンビーナに嘘をつき，教養がある振りをする（「後生だから，あんたの美の真っ赤な闇を俺から奪わないでくれないか」）のだが，これが間違いだとは気づかない——「俺がいっぱい嘘をつくのを学びもしないで，仕事を捨てれば，ご主人様に間違いをしでかすことになるじゃろうて」（Faria tort al me padron, se andass via dal so servizio, senza aver imparà a dir centomille busìe）。

　すぐさま，事態は込みいってくるのであり，レリオは嘘から嘘へと移行せざるを得なくなり，したがって，"信号"(シグナル)の強度を増やさざるを得なくなる。「俺が間違いを言っていることは天も照覧あれ」，「俺は真実をこれっぽちも変えるわけにはいかぬ」。それから，自身に触れて言う，「彼はナポリのアイドルだ。もっとも目立っていること，それは純真誠実な心根を持っており，いつも真実を言わないではおれないということだ」。レリオの父パンタローネは，息子があまりにたくさんの深刻な嘘をつくのに動転して，注目されるべきやり方で，息子を叱りつけることになる。商人の主たる資質は信用なのに，嘘をつくとそれもなくすのだから，嘘をついてはいけないのだ，と。真実？　忠誠？　恋（騙された少女たちはいつも嘘の犠牲者と決まっている）？　ゴルドーニは明快そのものだ。人が嘘をつくべきでないわけは，嘘つきと知られている者はもう売れないからである。この喜劇のモラルはこういうことになろう——「こういう悪魔的な発明のネタをお前はいったいどこで見つけたんだ？　きちんとした市民は生まれじゃなくて，行為で見分けがつくんだ。商人の信用はいつも真実をいうことにある。信用こそわしらの大資本なんだぞ（La fede xe el nostro mazor capital）。わしにこの信用，この評判がなかったら，わしはいつも怪しい男，悪しき商人となろうし，こんな広場には値しないし，わしの家にもふさわしくないし，貧乏人(ビゾニョージ)なる名誉ある姓を誇るにも値しないことになろうよ」（Ⅲ，5，70）。

　パンタローネもアルレッキーノもあまりにも過度の嘘には耐えられない。アルレッキーノは，ゴルドーニが民衆に決して拒んでいない良識のゆえに（「黙れってば！」〔Via, tasi là〕とこの召使いは主人に言うに至る）。パンタローネはレリオのこういう異常さのうちに，真面目な商人であるという，一家の唯一の財宝たる評判の終焉を見てとるがゆえに。18世紀有産階級の規定にぴたり

合致したモラルが，オッタヴィオの発する最終の行間に発見できる。つまり，「嘘は人を滑稽で，不誠実な者，みんなの嫌われ者にする」というのである。現実感をなくさせないくらい有能な嘘つきであれば別だが，アルレッキーノはそういう人ではない（彼はもう決して嘘（busie）をつかず，ときおり何か「機知に富んだ架空話」しかしないことを再約束している）し，愛する女と名声とを失うレリオもそうではない。だが，有能な，有能この上ない嘘つきは，あらゆる文学創造物の原型，エルシノアのハムレットである。

ハムレットとディラン・ドッグ

　ふざけから，もしくは狂気を装うために，愛する女性に比類のない恋愛詩を書く者は，こういう機会においてさえ，実は，芝居上演の嘘の中で嘘をつく嘘つきであることを見せるのを諦めてはいない。それに傾聴するとしよう。"Doubt thou the stars are fire, /Doubt that the sun doth move, /Doubt truth to be a liar, /But never doubt I love"（*Hamlet*, II, 2）。これを福田恆存は次のように訳している。「燃ゆる星　空ゆく日／疑ふきみの　心かなしく／見せまほし　わが心／いつはりの世に　まことのあかし」（『ハムレット』新潮文庫，1967年，57頁）。言明を誇張している不条理な数々の仮定——なにしろ，星々は火ではないし，太陽は不動なのだ（ガリレイまではあと半世紀である）から——のうちでも，真実（truth!）が嘘つきだとは！　不条理による推理だとはいえ，それでも推理であるし，あり得ざる可能性として確言されているのだ。星々の内実とか太陽の動きとかは，ハムレットにとって何の重要性ももち得なかったであろう。だが彼が大いに，何にもまして執着していたこと，それはたとえ証明がないにせよ，真実は嘘をつくことさえできると言えるということだったのだ。なにしろ，それこそが彼の行動の真の目的であるように見えるからだ。彼がいたずらっ子（vilain）という，まったく否定的な人物を体現していることは既述したところである。だが，今やもう一つのことを付言することができよう。つまり，ハムレットは彼に割かれたこの悲劇全体の中で，役者なのであり，役者であることを自覚しているのだ。仮面がいくつもあるわけではないが，決してそれを隠すこともしていない。すでに第1幕からして，ハムレットなる"登場人物"は心中にあることとは別のことを示そうとするの

だ，ということがはっきりと言われている。だが，彼が示しているものが弔意と悲しみなのだとしたら，はたして心中に隠しているのは何なのか？　このデンマーク王子は母親の結婚式に満足している振りをしてはいないし，父親への弔意や，おじへの敵意や，落胆と悲しみを隠してはいない。仮にこういうことすべてが，喪服や「深い歎き」も含めて，「目にも見える。……誰にもやれ」る「もの」（Ⅰ, 2〔福田訳, 17, 20頁〕）に過ぎないとしたら，彼は何を隠しているのか？

　そんなものは苦悩が「着て見せるよそゆきの見てくれ」〔同頁〕に過ぎない。ハムレットは言えないのであり，だから嘘をつくことを選ぶのだ。彼は真の悲しみを演じているのだが，「彼の」悲しみを演じているのではない。彼はつっけんどんな態度をとるのだが，しかししたい放題をしているのではない。彼が演じているのは，〔オフェリアの〕無辜の死の原因たる，根拠のない，悲劇的な狂気なのだ。「彼の」苦しみに耳を傾ける術のない現実を彼は制御することができないからだ。彼が再生するのは，どうやら保守的な都市から放逐され，さげすまされた連中たる，役者たちと一緒になったときだけのようである（シェイクスピアはメセナや保護者を見つけだすのに苦しんでいたに違いない）。しかしこれはまた，ハムレットを特徴づけている二重人格へのこの性向の一つのしるしでもある。このデンマーク王子が喜劇役者たちに彼らの仕事の意味を指図している有名なページ（Ⅲ, 2〔福田訳, 88-89頁〕）は，劇場でのやり方についてシェイクスピアが残してくれた理論的遺産とみなされて当然なのだ。その出発点は，芝居の目的は「自然に向かって鏡をかかげ」〔同, 89頁〕ることだという前提にある。真実（こういう真実は，嘘をつくこともできよう！）を理解するための唯一の方法は，それをまねる劇場の嘘の鏡の中でそれを観察することにあるのだが，人は生活よりもそういう鏡により接近することになる。難しい？　否，「嘘をつくようにやさしい」とハムレットなら答えるであろう。彼はにせの友ギルデンスターンをからかって，笛を吹かせようとする。そして，ギルデンスターンが理解できるのであれば，おじの国王から遣された二人の欺瞞をハムレットが悟ったことをギルデンスターンに示すこともできよう。嘘をつくのは容易だし，そしてただ嘘の謎解き遊びを介するだけで，ハムレットは父親に復讐することができるかに見えるし，ついには，すべての登場人物たちが死んでしまい，芝居には沈黙が漂うにいたる。そして，これは上演なのだか

ら，舞台には次々とフィクションを登場させるのだ。その確信をなしているもの，それは真実が嘘をつける以上，嘘をつくほうがましだ，ということにある。なにしろ，嘘はわれわれが冒頭にも述べたように，いちばんうまく振舞うものだからである。

　ディツィアーノ・スクラーヴィの創造した「悪夢の捜査官」ディラン・ドッグなる人物も同じような行動をしている。人生の根本問題は「私はどこへ行くのか？」(『明日の出来事』 *Accade domani,* in Sclavi, 1995) であるから，その日の少女によって見捨てられた後で，夕方をどう過ごすべきか決定することよりも，悪夢から出てきて，それから（たぶん）そこに戻る一切のことに対面することのほうがディランにははるかに困難が少ないのだ。突如解体してしまう生ける屍（ゾンビ），エイリアン（宇宙人），子供を食らう黒服の男たち，こういったものはみな，請求書への支払いとか，より深刻な問題——女もなく，悪夢もなしに，孤独に夕方をどうやって過ごすべきか？——にぶつかるよりもはるかに簡単なことである。そして，魅力的なディランもどの程度自分の"事態"が犠牲者たちの，自分の病的な想像力，もしくは集団的想像界の産物なのかを自分では分からないのだ。でも，これらは"事態"なのだし，一人の「悪者」（ゾンビ，火星人，何らかの種類の悪魔）が存在しているのだし，守るべき"善人たち"が存在しているのだし，お人よしのディランもたいていの場合に"善人たち"を守ることに成功している。では，夕食に外出するよう少女を説得するのがなぜこれほど恐ろしく困難なのか，または，この辛い経済的な問題はなぜなのか？　悪夢の捜査にもう一度戻ったり，勝利者になることをほぼ確信して闘うほうがよりたやすくはないのか？

書　誌

ACCETTO, T. (1641), *Della dissimulazione onesta.* S. Nigro 編, Einaudi, Torino 1997.
AUGUSTINUS (387?), *De dialectica.* 〔弁証法について〕
AUGUSTINUS (389-390), *De magistro.* (『教師』繁原照雄訳，教文館「アウグスティヌス著作集」第2巻，1979年)
AUGUSTINUS (395), *De mendacio.* 〔嘘について〕
AUGUSTINUS (426), *Retractationes.* 〔『再考録』〕
ALMANSI, G. (1996), *Bugiardi. La verità in maschera.* Marsilio, Venezia.
ANOLLI, L., CICERI, R. (1992), *La voce delle emozioni. Verso una semiosi della comunicazione vocale non-verbale delle emozioni.* Franco Angeli, Milano.
ARENDT, H. (1969), *Lying in politics.* Harcourt Brace Jovanovich, Inc., New York. (「政治における嘘」(『暴力について』所収) 山田正行訳, みすず書房, 2000年)
ARISTOTELES, 『ニコマコス倫理学』(加藤信明訳,「アリストテレス全集」13, 岩波書店, 1973年)
ARISTOTELES, 『形而上学』(出隆訳,「アリストテレス全集」12, 岩波書店, 1968年)
ARISTOTELES, 『詩学』(今道友信訳,「アリストテレス全集」17, 岩波書店, 1972年)
『聖書』新共同訳 (日本聖書協会, 2001年);『アポクリファ――旧約聖書外典――』(聖公会出版, 1934年)
BARTON BOWYER, J. (1982), *La meravigliosa arte dell'inganno.* 伊訳 Sugarco, Milano 1991.
BETTETINI, A. (1999), "Riflessioni storico-dogmatiche sulla regola *quod omnes tangit* e la *persona ficta*". In *Il diritto ecclesiastico,* anno 110, fasc. 3.
BOCCACCIO, G. (1349-1353),『デカメロン』(柏熊達生訳, ノーベル書房, 1981)
BOK, S. (1978), *Lying Moral Choice in Public and Private Life.* Vintage Books, New York.
BRINTON, D. G. (1868), *Myths of the New World.* Philadelphia.
BYATT, A. S. (1990), *Possessione. A Romance.* (『抱擁』栗原行男訳, 新潮文庫, 1996年)
CAFFI, C. (2000), *La mitigazion. Un approccio pragmatico alla comunicazione nei contesti terapeutici.* Cooperativa Libraria Universitaria, Pavia.
CARROLL, L. (1865-1871),『鏡の国のアリス』(矢川澄子訳, 新潮社, 1991)
CASAGRANDE, C., VECCHIO, S. (1987), *I peccati della lingua. Disciplina ed etica della parola nella cultura medievale.* Istituto della Enciclopedia Italiana, Roma.
CASAGRANDE, C., VECCHIO, S. (2000), *I sette vizi capitali. Storia dei peccati nel Medioevo.* Einaudi, Torino.
CASTELFRANCHI, C., POGGI, I. (1998), *Bugie, finzioni, sotterfugi. Per una scienza*

dell'inganno. Carocci, Roma.
CASTIGLIONE, B. (1528),『カスティリオーネ宮廷人』(清水純一ほか訳, 東海大学出版会, 1987年)
CELSUS, *Logos Alethes.* 〔真の言葉〕(178頃)
CICERO (前44),『義務について』(泉井久之助訳, 岩波文庫, 1961年)
CICERO (前55),『弁論家について』(大西英文訳, 岩波文庫, (上)(下), 2005年)
CICERO (前59),『フラックス弁護』(小川正廣ほか訳,「キケロ選集」第2巻, 岩波書店, 2000年)
COLLODI, C. (1883),『新訳 ピノッキオの冒険』(大岡玲訳, 角川文庫, 2003)
CONSTANT, B., (1797), *Des réactions politiques, in Œuvres*, Bibl. de La Pléiade, Paris 1957.
DANOVI, R., (1990), *L'indipendenza dell'avvocato.* Giuffrè, Milano.
DANOVI, R., (1992), *Corso di ordinamento forense e deontologia.* Giuffrè, Milano.
DEL VECCHIO, G. (1952), *La verità nella morale e nel diritto.* Studium, Roma.
DELLA CASA, G., (1551-1555),『ガラテーオ》よいたしなみの本《』(池田廉訳, 春秋社, 1961年)
DETIENNE, M., VERNANT J.-P. (1974), *Les Ruses de l'intelligence, La Mētis des Grecs,* Flammarion, Paris 1974.
DI TROCCHIO, F. (1993), *Le bugie della scienza. Perché e come gli scienziati imbrogliano.* Mondadori, Milano.
DOSTOEVSKIJ, F. (1877),「おかしな男の夢」(『作家の日記』所収, 小沼文彦訳, ちくま学芸文庫, 1997年)
DREWERMANN, E. (1984), *Psychanalyse et théologie morale,* Cerf, Paris 1992.
DURANDIN, G. (1993), *L'information, la désinformation et la réalité.* PUF, Paris.
ECO, U. (1975),『記号論』I, II (池上嘉彦訳, 岩波書店, 1980年)
ECO, U. (1994),『エコの文学講義―小説の森散歩』和田忠彦訳 (岩波書店, 1996年)
ECO, U. (1998), *Tra menzogna e ironia.* Bompiani, Milano.
ECO, U. (1999), *Serendipities. Language and Lunacy.* Harvest Book-Harcourt Brace. & Company, San Diego-New York. 〔而立書房, 谷口伊兵衛訳, 近刊予定〕
EKMAN, P. (1985), *I volti della menzogna.* 伊訳 Giunti, Firenze 1989.
ERASMUS, (1511),『痴愚神礼讃』(渡辺一夫訳, 中央公論社, 1969年)
FABBRI, P. (1992), "Le bugie scientifiche". In MARRONE (1992) (ed.).
FUMAGALLIBEONIO BROCCHIERI, M. T. (1987), *Le bugie di Isotta. Immagini della mente medievale.* Laterza, Roma-Bari.
GARRONI, E. (1994), *Osservazioni sul mentire e altre conferenze.* Teda Edizioni, Castrovillari.
GENTILE, M.T. (1982), *L'albero di Pinocchio.* Studium, Roma.
GIRARD, R. (1961),『欲望の現象学 ロマンティークの虚偽とロマネスクの真実』(古田

幸男訳, 法政大学出版局, 1971年)
GOLDONI, C. (1750), *Il bugiardo.* A. Zaniol 編, Marsilio, Venazia 1994.
GOLEMANN, D. (1985), *Menzogna, autoinganno, illusione.* 伊訳 Rizzoli, Milano, 1998.
GORGIAS, 『ヘレネ礼讃論』
GROTIUS, H. (1625), 『戦争と平和の法』(一又正雄訳, 育英堂, 1989年)
GUARDUCCI, M. (1974), *Epigrafia greca,* vol. III. Istituto Poligrafico dello Stato, Roma.
HACHET, T. (1651), *Le mensonge indispensable. Du trauma social au mythe.* Armand Colin, Paris.
HITLER, A. (1925), 『わが闘争』(平野一郎ほか訳, 角川文庫, 1973年)
HOBBES, T. (1999), 『リヴァイアサン』(水田洋訳, 岩波文庫, (一)〜(四), 1985年)
HOMEROS, 『イリアス』(松平千秋訳, 岩波文庫, (上)(下), 1992年)
HOMEROS, 『オデュッセイア』(松平千秋訳, 岩波文庫, (上)(下), 1994年)
IGNATIUS DE, LOYOLA (1548), *Exercitia spiritualia.*〔心霊修業〕
JANK'EL'EVITCH, V. (1942), *Du mensonge,* Confluences, Paris.
KANT, I. (1775-1781), *Sui doveri etici verso gli altri. La veridicità.* 伊訳 in TAGLIAPIETRA, (1996) (ed.).
KANT, I. (1777), *Inganno e illusione.* M. T. Catena 伊訳. Guida Editore, Napoli 1998.
KANT, I. (1785), 『道徳形而上学原論』(篠田英雄訳, 岩波文庫, 1960年)
KANT, I. (1797), *Über ein vermeintes Recht aus Menschenliebe zu lügen.*
KILTY, J. (1960), *Caro bugiardo.* 伊訳 Bompiani, Milano 1962.
KOYRÉ, A. (1943), *Réflexions sur le mensonge,* Allia, Paris 1996.
KRESSMANN, TAYLOR, K. (1938), *Destinatario sconosciuto.* 伊訳 Rizzoli, Milano 2000.
LA ROCHEFOUCAULD, F. DE (1665), 『箴言集』(二宮フサ訳, 岩波文庫, 1989年)
LAVAGETTO, M. (1992), *La cicatrice di Montaigne. Sulla bugia in letteratura.* Einaudi Torino.
LUTHER, M. (1543), *Von den Juden und ihre Lügen.*〔ユダヤ人とその虚偽について〕
MACHIAVELLI, N. (1532), 『君主論』(佐々木毅訳, 講談社学術文庫, 2004年)
MANGANELLI, G. (1977), *Pinocchio: un libro parallelo.* Einaudi, Torino.
MANGANELLI, G. (1985), *La letteratura come menzogna.* Adelphi, Milano.
MANN, T. (1953), *Die Betrogene.* (『欺かれた女』, 高橋義孝訳,「全集」XIII, 新潮社, 1971年)
MARRONE, G. (1992) (ed.), "La menzogna". *Quaderni del circolo semiologico siciliano,* 34-35, Palermo.
MAYNARD SMITH, J. (1982), "Do animals convey information about their intentions?". In *Journal of Biology,* n. 97.
MILLÁN-PUELLES, A. (1997), *El interés por la verdad.* Rialp, Madrid.

Montesquieu, (1749), *Éloge de la sincérité*, Mille et Une Nuits, Paris, 1995.

Mortara Garavelli, B. (2001), *Le parole e la giustizia*. Einaudi, Torino.

Mussolini B. (1940), "Preludio". In Machiavelli, N., *Il Principe*. Edizioni Ardita, Roma.

Nietzsche, F. (1873),「道徳外の意味における真理と虚像について」(『哲学者の書』「ニーチェ全集」第三集, 渡辺二郎訳, 理想社, 1965年)

Nigro, S. (1990), (ed.), *Elogio della menzogna*. Sellerio, Palermo.

Novellino, M. (1996), *La sindrome di Pinocchio. I "forzati" della bugia*. Franco Angeli, Milano.

Piccaluga, G. (1992), 'Mendace segno di verità'. Giustificazione sacrale e mediazione grafica del travisamento del vero nel mondo greco". In Marrone, (1992) (ed.).

Pirandello, L. (1922), "La patente". In *Novelle per un anno*. Mondadori, Milano.

Placido, B. (1990), *Tre divertimenti*. Il Mulino, Bologna.

Platon,『プラトン全集』(岩波書店, 1976-1980年)

Radin, P. (1956) (ed.), *Le Fripon divin. Un mythecudiem*, Georg, Genève.

Raimondi, E. (1990), *La dissimulazione romanzesca. Antropologia manzoniana*. Il Mulino, Bologna.

Rodari, G. (1958),『うそつき国のジェルソミーノ』(安藤紀夫訳, 筑摩書房, 1985年)

Rosier, I. (1995), "Les développements médiévaux de la théorie augustinienne du mensonge". In *Hermès : Cognition, Communication, Politique*, n. 15, CNRS Editions, Paris.

Russell, J. B. (1991), *Inventing the Flat Earth*. Greenwood, New York.

Saba Sardi, F. (1999), *Gonçalvo o della menzogna*. Baroni, Viareggio-Lucca.

Said, E. W. (1994),「権力に対して真実を語る」(『知識人とは何か』所収, 大橋洋一訳, 平凡社, 1995年)

Schelotto, G. (1996), *Perchè diciamo le bugie*. Mondadori, Milano.

Schopenhauer, A. (1840),『道徳の基礎について』(前田敬作ほか訳, 白水社, 1973年)

Sclavi, T. (1995), *Tutti i misteri di Dylan Dog*. Mondadori, Milano.

Scribano, E. (1999), "L'inganno divino nelle *Meditazioni* di Descartes". In *Rivista di Filosofia*, vol. XC, n. 2, agosto.

Sextous Empiricus, *Pros mathematikous*.〔定説家論駁〕

Shakespeare, W. (1598-1601),『ハムレット』(野島秀勝訳, 岩波文庫, 2002年)

Shakespeare, W. (1662),『オセロウ』(菅泰男訳, 岩波文庫, 1960年)

Sidgwick, H. (1874),『倫理学法案1』(綱島・梁川訳, 大空社「梁川全集」第3巻, 1995年)

Sokal A., Bricmont, J. (1997), *Impóstures intellettuelles*, Odile Jacob, Paris.

Solomon, R. C. (1993), "What a tangled web : deception and self-deception in philosophy". In LEWIS, M., SAARNI, C. (eds.), *Lying and Deception in Everyday Life*. The Guilford Press, New York.

SORRENTINO, V. (1998), *Il potere invisibile. Il segreto e la menzogna in politica*. Edizioni La Meridiana, Bari.

SPINOZA, B. (1651-1655),『エチカ（倫理学)』（畠中尚志訳，岩波文庫，1951年）

SULLIVAN, L. E. (1987), "Tricksters". In ELIADE, M. (ed.), *The Encyclopedia of Religion*. MacMillan, New York-London.

SWIFT, J. (1726),『ガリヴァ旅行記』（中野好夫訳，新潮文庫，1951年）

TAGLIAPIETRA, A. (1996) (編), *Immanuel Kant-Benjamin Constant. La verità e la menzogna. Dialogo sulla fondazione morale della politica*. 伊訳 S. Manzoni/E. Tetamo, Bruno Mondadori, Milano.

TODESCAN, F. (1979), *Diritto e realtà. Storia e teoria della fictio iuris*. Cedam, Padova.

THOMMAS, AQUNIAS, (1269-1270), *Il male*. 伊訳 F. Fiorentino, Rusconi, Milano 1999.

THOMMAS, AQUNIAS, (1269-1274), *Summa theologiae*. 伊訳 Studio Domenicano, ESD, Bologna 1984.

VENDER, S. (1997), *La maschera della finzione. Realtà, verità e bugia nel rapporto tra malato e istituzione curante*. Il Pensiero Scientifico Editore, Roma.

VERGILIUS,『アェネーイス』（田中秀央ほか訳，岩波文庫，（上）（下），1949年（第2刷))．

WEINRICH, H. (1967), *Linguistik der Lüge*. Verlag Lanbert Schneider（『うその言語学』井口省吾訳，大修館書店，1973年）

WILDE, O. (1889), *The Decay of Lying. An Observation*.（西村孝次訳「嘘の衰退」，『O・ワイルド全集』4 青土社，1989年）

YOURCENAR, M. (1929), *Alexis ou le Traité du vain combat,* in *Œuvres romanesques,* Bib. de La Pléiade, Paris 1982.（岩崎力訳『アレクシス あるいは空しい戦いについて』白水社，1981年）

訳者あとがき

　本書を最初に知ったのはパトリシア・ヴァランシの仏訳 *Petite histoire du mensonge* (Hachette Littératures, 2003) を通してだった。"嘘"と言えば，U・エコの記号論の原点だが，案の定，本書もウンベルト・エコへの謝辞が当初に掲げられているではないか。そこで伊語原書も入手し，着手することになったのだが，著者M・ベッテッティーニが中世哲学史の教授ということもあって，想外の難儀をさせられる破目に至る。

　しかし，難解なイタリア語（ヴァランシの仏訳はかなり改善されている）を通してでも，本書のユニークな面白味は満喫できるはずであるが，この邦訳がどの程度それに成功しているだろうか？（共訳者は，これまでやったうちでもっとも素晴らしい内容と絶賛しているほどなのであるが）。

　翻訳作業では，引用文献（とくに邦訳のあるもの）のチェックが課題となった（思いがけない本が邦訳されているのは驚きだった）。なかには，どうしても該当箇所を突き止められない場合もあり，疑念の残るところがあった。聖書の引用では，「福音書」が間違って記されていて（仏訳でも直っていずに）迷惑したこともある。（当地の教会に電話して疑問が解消した。さすがは牧師だと感心させられたものである。）

　ミス・スペルはイタリア書らしく，かなり目につくが，ヴァランシ（仏訳）はその点で参考になることが多かった。

　いずれにせよ，もっと早く仕上げるべき仕事が，数カ月もずれ込んでしまい，書房の宮永氏にはご迷惑をかけてしまった。

　とにかく，これも訳者たちのライフ・ワークたるウンベルト・エコ関係に収まる一部なので，今ここに脱稿できて，気分は極めて爽快である。

　　2006年4月4日　行徳にて

　　　　　　　　　　　　　　　　　　　　　　　　　谷口　伊兵衛

索 引

固有名索引

ア 行

アウグスティヌス 19〜25, 44, 46, 47, 50, 55, 56, 58, 59, 79, 87, 101
アガメムノン 62, 63
アキレウス 41, 61〜63
アッチェット, トルクワート 81〜83
アテナ 62, 65
アテナ=ミネルヴァ 66
アベラール ──→ペトルス・アベラルドゥス
アベラルドゥス ──→ペトルス・アベラルドゥス
アリストテレス 17, 18, 24, 25, 86, 87, 114, 115
アリストファネス 38
アルキビアデス 74
アルキメデス 101
アルデンテ, ルドルフ 46
アルベルト, カルロ 95
アルベルトゥス・マグヌス 50, 101
アルマンシ, G 70
アレクサンデル, ヘイルズの 46
アレクサンデル6世 75
アーレント, ハンナー 109
アンティノオス 64
アンブロシウス 46
イエス・キリスト 34, 43〜46, 64, 81
イグナティウイス, ロヨラの 26
イサク 47
イシドルス, セヴィーリャの 101
イフィゲネイア 117
ヴァインリヒ, H 120, 123
ヴァラ, ロレンツォ 99
ヴァレリアーノ, ピエロ 80
ウァレリウス・マクシムス 60
ヴェッキオ, S 46
ヴェラスケス 81
ヴェルガ, G 119
ヴェルナン 64
ヴォルテール 123
ウォルポール, H 98
エイレナイオス 42
エウマイオス 63〜65
エウリピデス 74
エギディウス, ローマの 101
エコ, ウンベルト 98〜100
エピメニデス 60
エラスムス 72, 73, 75
エリック 100
エンペイリコス, セクストス 29
オッタヴィオ 125
オデュッセウス 41, 60, 62, 63, 65, 85
オレーム, ニコル 101

カ 行

カーサグランデ, C 46
カーサ, ジョヴァンニ・デッラ 79, 122
カスティリオーネ, バルダッサーレ 78, 81
カステルフランキ, C 33
カッシアーヌス 46
ガリレイ, G 100, 101, 125
カルカニーニ, チェリオ 77
カルデロン・デ・ラ・バルカ 81
カント, イマヌエル 23, 46, 54〜57, 59, 87, 88
カンパネッラ, トンマーゾ 77, 82
キケロ 60, 78, 81
キャロル, ルイス 28, 30
キャンベル, パトリック 10
キルティー, ジェローム 10
グイッチャルディーニ, F 77, 78
クインティリアヌス 60
グラティアヌス 47
クリュタイムネストラ 8
クローチェ, ジョヴァンニ・デッラ 80
グローチウス, フーゴー 46, 52〜55, 86

クーン，T・S　110
ケルソス　43, 44
ケレーニー，K　68
コイレ，アレクサンドル　109
コクトー，J　123
コスマス　100, 101
ゴットフリート・フォン・シュトラースブルク　51
ゴルギアス　112〜114
ゴルドーニ，カルロ　123, 124
コルネイユ，T　123
コルローディ，C　39〜41
コロンブス，クリストフルス　98〜102
コンスタン，バンジャマン　56, 87

サ 行

ザヴォナローラ，G　104
サマリン　111
サラ　47
シェイクスピア，W　33, 34, 68, 73, 118, 126
シジウィック，ヘンリー　87, 88
シムノン，ジョルジュ　105
ジャン，ラ・ロシェルの　46
シュリック伯，ヴォルフ　107
ショー，バーナード　10
ショーペンハウアー，アルチュール　46, 57, 58, 83, 87
ジラール，ルネ　117
シルヴェステル 1 世　99
スアレス，F・デ　66, 67
スウィフト，ジョナサン　28, 29, 52
スクラーヴィ，ディツィアーノ　127
スターリン，J　109
スタンダール（アンリ・ベール）　117
ステファヌス 2 世　99
スピノザ，B・デ　8
スミス，メイナード　52
スラ　102
スルバラン　81
ゼウス　61, 62
セルヴァンテス，M・デ　117
ソウカル，アラン　110

ソクラテス　18, 41, 62, 63, 104
ソロモン　52

タ 行

大グレゴリウス　46, 47
ターナー，W　118
タレス　85
ダンテ，A　100, 101
デカルト，R　66, 67
デティエンヌ，M　64
テティス　61
デリダ，J　110
テレサ，アビラの　80
ドストエフスキー，F・M　27, 30, 53, 117
トーマ，イングランドの　51
トマス・アクィナス　14, 23〜25, 46, 47, 50, 58, 66, 101
トリュフォー，F　13
ドレウァーマン，E　58

ナ 行

ニーチェ，フリードリヒ　83〜85
ニロ，ロバート・ディ　61
ネブカドネザル　49

ハ 行

バイアット，アントニア・S　120
パウロ　19, 20, 22, 47, 60
パース，Ch・S　99
バッティスタ，ジュゼッペ　77
パトロクロス　63
パリ　51
パリス　113
バルナバ　19
パルメニデス　101, 112
ピウス 11 世　26
ヒエロニムス　20
ピサロ　118
ヒッチコック，アルフレッド　45
ヒトラー，アドルフ　107〜110
ピュタゴラス　101
ビュリダン，ジャン　101

ピラト 43, 44
ピランデルロ, L 96, 98
ファッブリ, P 111
フィチーノ, マルシーリオ 77
フィヒテ, J・G 57
フィリップ2世 49
フェルナンド 76
フォイニクス 63
プトレマイオス 100, 101
プラウトゥス, ティトゥス・マッキウス 122
プラチド, B 40
プラトン 16, 17, 38, 41, 42, 44, 61〜63, 73, 74, 77, 86, 95, 108, 112, 113
ブラバンショウ 35
フリードリヒ1世 99
プリニウス 60
プルースト 117
プロティノス 77
フロート, フィヒ・フォン 52
フローベール, G 117
プロムヤール 49
フロリモンテ, ガレアッツォ 80
ペイシストラトス 85
ヘクトル 63
ベーコン, フランシス 111
ベーコン, ロジャー 101
ヘス, ルードルフ 107
ペテロ 19, 47, 64
ペトルス・アベラルドゥス 23, 51
ペトルス・ロンバルドゥス 25, 46, 47
ベネディクトゥス 48
ペネロペ 64
ヘルメス (メルクリウス) 65
ベルール 51
ヘレネ 113
ベンサム, ジェレミー 103
ヘンリー8世 73
ボエティウス 104
ボッカッチョ, G 69, 72
ボック, S 87
ボッジ 33
ホッブズ, T 54

ボナヴェントゥラ 48, 50, 59
ポパー, K・R 108
ホメロス 62, 74, 85, 95, 114
ホルトン 111
ポルフュリオス 42

マ 行

マキャヴェッリ, ニッコロ 75〜78, 85, 109, 110, 122
マクナマラ, ロバート・S 109
マッテオッティ, G 109
マルクス, カール 107
マレスピーニ, チェリオ 77
マンガネッリ, G 40, 79, 116
マンゾーニ, A 92, 119, 120
マン, トーマス 15
ムッソリーニ, B 109
メティス 64
メネラオス 113
モア, トーマス 73, 77, 104
モーセ 34
モネー, C 118
モンゴメリー, L・M 45
モンテスキュー, シャルル=ルイ・ド・スゴンダ 57
モンテーニュ, M・ド 52

ヤ 行

ヤコブ 47
ヤンケレヴィチ, ウラジーミル 90
ユダ 46
ユルスナール, M 119
ユング, C・G 68
ヨセフ 47
ヨハネ, スーサの 47
ヨブ 82

ラ 行

ライプニッツ, G・W 95
ライモンド, ペニャフォルトの 48
ラヴァジェット, M 64
ラエルテス 64

ラエルテスの息子 ⟶ オデュッセウス
ラカン，J 110
ラクタンティウス 100, 101
ラダン，P 68
ラ・ロシュフーコー，F 57
リウィウス，ティトゥス 60
リオタール，J・F 110
ルイ9世 49
ルイス＝デ＝アラルコン，ホアン 123
ルキアノス 122

ルター，マルティン 78, 105～107, 109
レンブラント 81
ロダーリ，ジャンニ 28, 31, 53
ロッシ，ピオ 77
ロベスピエール 109

ワ 行

ワイルド，オスカー 9, 117～120
ワーグナー，W・R 51

事項索引（作中人物を含む）

ア 行

『悪に関して論じられた諸問題』 46
『明日の出来事』 127
「宛先不明」 10
アリス 30, 31, 115
アルレッキーノ 68, 123〜125
『アレクシあるいは空しい戦いについて』 119
アレクシス 119
『アンタッチャブルズ』 61
イアーゴウ 33〜36, 121
「医学における嘘」 90
イズー（イゾルデ） 51
『一角獣を連れた貴婦人』 51
『偽りのグノーシスの暴露と反駁』（『対異端論駁』） 42
『イリアス』 61〜63
『印刷出版に関する法令』 95
ヴィヴィアン 118, 119
ヴァルド派 48
「嘘信号」 120, 121, 123
『嘘好き，または懐疑者』 122
『嘘つき』 123
『嘘つき男』 123
『《嘘つき男》に関する注釈』 123
「うそつき国のジェルソミーナ」 31
『嘘について』 19〜21, 23, 56, 90
『嘘の色』 122
『嘘の語彙集』 77
『嘘の衰退』 117
『嘘の弁明』 77
『嘘への反駁』 19
『嘘への論駁』 44
『疑わしき真実』 123
『ウルガータ』 82
エジプトの産婆 47
『エチカ』 8
『エフェソの信徒への手紙』 43
エンマ・ボヴァリー 117
「欧州弁護士たちの職業倫理規定」 94

『オセロウ』 33, 105
『オデュッセイア』 41, 60, 62〜65
「俺が言わなかったこと」 122

カ 行

『悔悛大全』 48
カウユマリエ 69
『鏡の国のアリス』 30
『隠された真実』 122
『学者たちへの論駁』 29
『カスティリオーネ宮廷人』 79
カタリ派 48
『ガラテーオ』 79, 80
「ガラテヤの信徒への手紙」 19
ガリヴァー 28, 29
『ガリヴァー旅行記』 28
『カルロ・インボナーティの死に際して』 92
慣習法 103
『欺瞞と錯覚』 56
「義務について」 78, 81
「95ヵ条の提言」 78
『旧約聖書』 43
「饗宴」 38, 74
『教師について』 20
教父神学 102
虚偽の力 98
『キリスト者論駁』 42
『クラテュロス』 17
グリーゾ 120
『君主論』 75, 76, 109
『言語の罪』 46
『国家』 17, 74, 75, 95, 108, 113
『滑稽な男の夢』 27
『コリントの信徒への手紙』 22, 24
「コルネリア法」 102
『コンスタンティヌス帝の寄進状』 99
コンスタンティヌス帝の勅令 99

サ 行

「サイエンス」 111

索 引 139

『再論』 19
「サムエル記下」 43
『詩学』 114
「詩編」 34
ジャコモーネ 31, 32, 53
『若干の哲学的な詩選集』 82
『出エジプト記』 34, 41
『小ヒッピアス』 34, 63
「職業倫理規定」 93
『諸種の問題についての考察』 29
「親愛なる嘘つきよ」 10
『神学大全』 23, 47, 50, 58
『蜃気楼』 15
『箴言』 43, 45
『箴言集』 57
「真実の義務」 93
新トマス学徒 46
『真の論述』 43
『申命記』 41
『新約聖書』 43
『人類のために嘘をつく、いわゆる権利について』 54
『スザンナ』 42
ストア学派 8, 29, 30, 42, 86
「ストーリー」 10
『聖刻文字学』 80
『誠実賛美』 57
『政治的反応について』 56
『政治における嘘』 109
セレンデピティー 98, 102, 111
『セレンディプの三人の王子』 98
『戦争と平和の法へのプロレゴーメナ』 52
『創世記』 36〜38, 56
『ソフィステス』 16

タ 行

『第一哲学についての省察』 66, 67
『太陽の都』 77
『他人に対する倫理的義務について。真実性』 55
『痴愚神礼讃』 73
チェッパレッロ（チャッペッレット） 70〜72
『聴罪司祭たち』 47
『沈黙の掟』 45
『廷臣論』 78
ディラン・ドッグ 127
『デカメロン』 69, 70, 72
テスカトリポカ 69
『哲学者の書』 83
『テモテへの手紙二』 45
「天国篇」 100
『道徳外の意味における真理と虚偽について』 83
『道徳形而上学原論』 23
『道徳の基礎』 57
『道徳の基礎について』 83
『トゥルブ博士の解剖学の教え』 81
ドリアン・グレイ 119
トリックスター 67〜69, 91, 123
ドン・キホーテ 117

ナ 行

『ニコマコス倫理学』 17
ネストリウス派 48

ハ 行

パターリ派 48
『バッコスの女信徒』 74
ハムレット 118, 125, 126
『ハムレット』 34, 36, 125
パンタローネ 124
反ビザンティン文書 99
ハンプティーダンプティー 30, 31, 53
ハンムラビ法典 103
『非存在、または自然について』 112
ピノッキオ 11, 39, 40
ピノッキオ症候群 39
『秘密と嘘』 122
ピュルゴポリニケス 122
フウイナム 28〜30, 52, 53
プレスター・ジョン 99, 100
『プレスター・ジョンの手紙』 99, 100
『ペテロの手紙』 43, 106
蛇 37, 38

ヘール・ヘリット　72
『ヘレネ礼讃論』　113, 114
『弁士について』　78
『弁証術について』　20
『ベン＝シラの知恵』　45, 49
「米国国防総省秘密報告書」（ペンタゴン・ペーパーズ）　109
「法的擬制」　102
「法的真実」　93, 94
『抱擁』　120
『法律』　61, 74
『法螺吹き』　122
『法螺吹き兵士』　122

　　　　　マ 行

『真面目な隠し立て』　81
『マタイ伝』　43, 48, 64
マラヴォーリア家　119
『三つの楽しみ』　40
『命題集』　25
メグレ警部　105
『メグレは怖がる』　105
メディチ家　77
『免許証』　96
モンザの尼僧　119

　　　　　ヤ 行

ヤフー　28
『雄弁家教育論』　60
『ユダヤ人たちと彼らの嘘について』　105

『ユートピア』　77
『欲望の現象学』　117
『ヨハネ伝』　34, 43, 45, 64, 83
『ヨハネ黙示録』　101
『ヨブ記』　82
『ヨブ記についての倫理的解釈』　46

　　　　　ラ 行

『羅生門』　121
『リヴァイアサン』　54
『倫理的解釈』　47
『倫理学の方法』　87
『倫理学，また汝自身を知れ』　51
『ルカ伝』　34
『ルキウス・ウァレリウス・フラックス擁護』　60
『霊操』　26
『レーソス』　74
レリオ　123, 124
ロザリオ・キアルキアロ　96〜98
ロドリーゴ　120
『ローマの信徒への手紙』　43
ローマ法　102
『ロレーナのクリスティーナ宛の手紙』　101

　　　　　ワ 行

『わが闘争』　107, 108
「われらは必要ない」　26

索引　141

〔訳者紹介〕

谷口伊兵衛(本名:谷口 勇)
 1936年 福井県生まれ
 1963年 東京大学大学院西洋古典学専攻修士課程修了
 1970年 京都大学大学院伊語伊文学専攻博士課程単位取得
 1975年11月~76年6月 ローマ大学ロマンス語学研究所に留学
 1992~2006年 立正大学文学部教授(現・非常勤講師)
 主著訳書 『クローチェ美学から比較記号論まで』
    『ルネサンスの教育思想(上)』(共著)
    『エズラ・パウンド研究』(共著)
    『中世ペルシャ説話集』
    「教養諸学シリーズ」既刊7冊(第一期完結)
    「『バラの名前』解明シリーズ」既刊7冊
    「『フーコーの振り子』解明シリーズ」既刊2冊
    「アモルとプシュケ叢書」既刊2冊ほか

ジョバンニ・ピアッザ(Giovanni Piazza)
 1942年 イタリア・アレッサンドリア市生まれ
 現在ピアッ座主宰。イタリア文化クラブ会長
 マッキアヴェッリ『バラの名前』後日譚、『イタリア・ルネサンス 愛の風景』、
 アプリーレ『愛とは何か』、パジーニ『インティマシー』、ロンコ『ナポレオン秘史』、
 クレシェンツォ『愛の神話』、マルティーニ『コロンブスをめぐる女性たち』、
 サラマーゴ『修道院回想録』(いずれも共訳)ほか

物語 嘘の歴史──オデュッセウスからピノッキオまで──

2007年3月25日 第1刷発行

定 価	本体2500円+税
著 者	マリーア・ベッテッティーニ
訳 者	谷口伊兵衛/ジョバンニ・ピアッザ
発行者	宮永捷
発行所	有限会社而立書房
	〒101-0064 東京都千代田区猿楽町2丁目4番2号
	振替 00190-7-174567/電話 03(3291)5589
	FAX 03(3292)8782
印 刷	株式会社スキルプリネット
製 本	有限会社岩佐製本

落丁・乱丁本はお取り替えいたします。
©Ihei Taniguci/Giovanni Piazza 2007. Printed in Tokyo
ISBN978-4-88059-335-7 C1010